에서 유대신학 교육을

불릴 만큼 환경과

, IBM, MCI, ABN-

럽의 여러 대학과

단체에서 강의와 워크숍을 진행했다. 한편 라틴 아메리카에서 널리 알려진 작가로서 열다섯 권이 넘는 책을 발표했고, 그중 《탈무드에서 배우는 돈의 지혜》(The Kabbalah of Money), 《질투의 카발라》(The Kabbalah of Envy), 《음식의 카발라》(The Kabbalah of Food) 등의 저서가 세계적으로 번역·출간되어 있다.

옮긴이 **김우종**

현재 정신세계사의 대표이다. 옮긴 책으로는 《감정도 설계가 된다》, 《코스믹 게임》, 《감응력》, 《황홀한 출산》, 《윤회의 본질》, 《인식의 도약》, 《빛으로 그린 영혼》, 《나는 나를 괴롭히지 않겠다》, 엮은 책으로는 《살다보면 기도밖에는 아무것도 할 수 없는 순간들이 찾아온다》가 있고, 그 외 취미생활을 살려 직접 쓴 책으로 《나도 기타 잘 치면 소원이 없겠네》가 있다.

디자인 변영옥

이디시 콥

YIDDISHE KOP: creative problem solving in Jewish learning, lore & humor
by Nilton Bonder

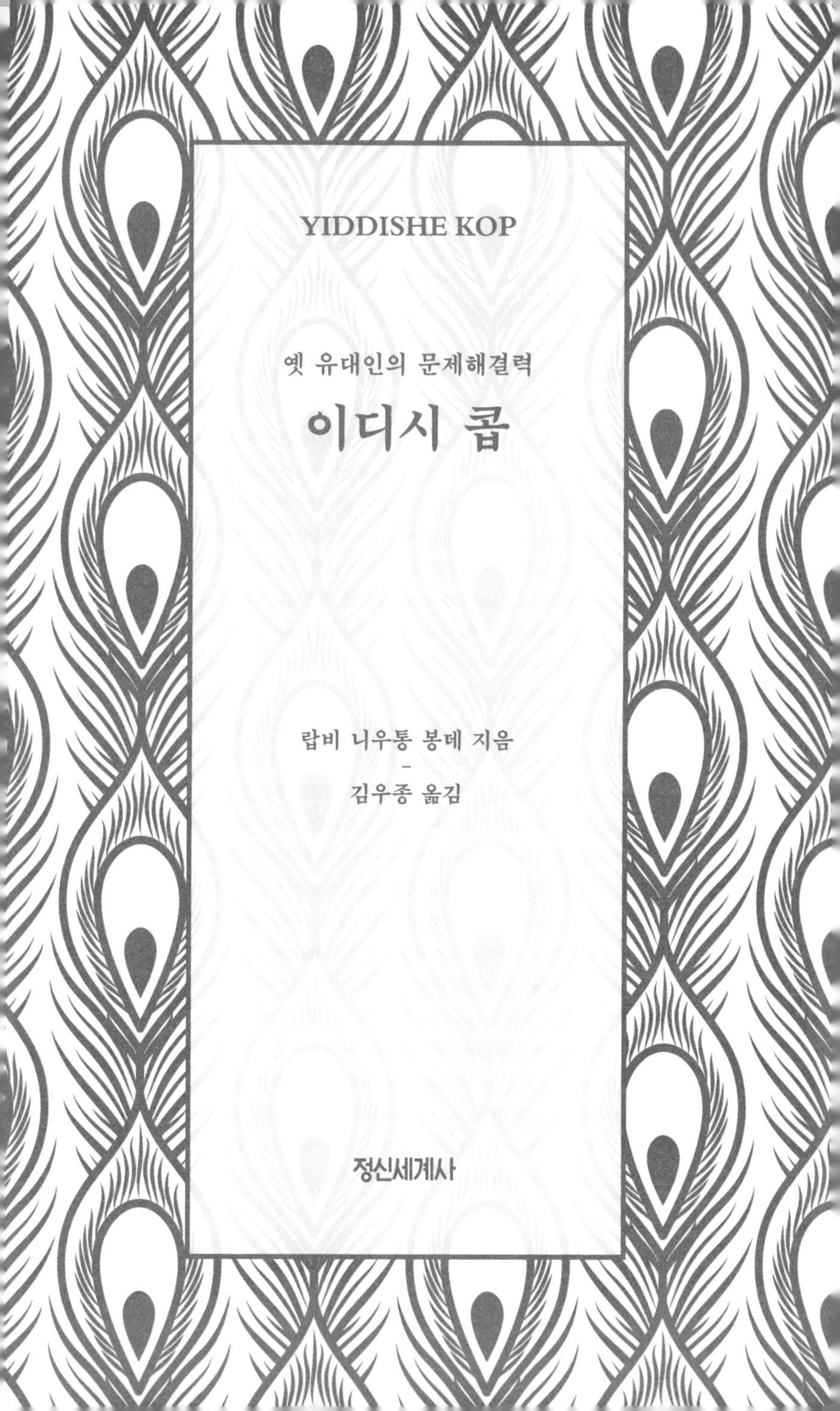

YIDDISHE KOP

옛 유대인의 문제해결력

이디시 콥

랍비 니우통 봉데 지음
–
김우종 옮김

정신세계사

이디시 콥

랍비 니우통 봉데 짓고, 김우종 옮긴 것을 정신세계사 정주득이 2007년 1월 31일 처음 펴내고, 김우종이 2024년 1월 5일 다시 펴내다. 이현율과 배민경이 다듬고, 변영옥이 꾸미고, 한서지업사에서 종이를, 영신사에서 인쇄와 제본을, 하지혜가 책의 관리를 맡다. 정신세계사의 등록일자는 1978년 4월 25일(제2021-000333호), 주소는 03965 서울시 마포구 성산로4길 6 2층, 전화는 02-733-3134, 팩스는 02-733-3144이다.

2024년 1월 5일 펴낸 책(개정판 제1쇄)

ISBN 978-89-357-0467-5 03190

홈페이지 mindbook.co.kr **인터넷 카페** cafe.naver.com/mindbooky
유튜브 youtube.com/innerworld **인스타그램** instagram.com/inner_world_publisher

결정을 내리기가 어려운 이유는

자신이 무엇을 원하는지,

그것을 얼마만큼 원하는지를

모르기 때문이다.

머리말

이 책은 문제해결을 돕는 책이다. 여기에는 끝없는 박해와 수난에 시달려온 한 민족의 오래된 전통이 담겨 있다. 필요는 창조와 문제해결의 어머니라고 하듯이, 유대인들은 가혹한 환경에 처함으로써 인생을 바라보는 뛰어난 통찰을 발전시키게 되었다. 이를 유대어로는 이디시 콥Yiddishe Kop(유대인의 재치)이라 한다. 이디시 콥은 어떤 방법론이나 지식체계가 아니라, '불가능'이라는 개념에 대해 의식적이고 실존적인 의문을 제기하게끔 촉발하는, 최소 '임계질량'만큼 누적된 문제의식이다.

이디시 콥은 희망을 포기했던 당신으로 하여금 반짝이는 눈빛을 되찾고 다시 게임 속으로 뛰어들게끔 만드는 전환점을 의미한다. 그것은 장기판의 막다른 골목에서 판세를 뒤집고 적수에게 "장군!"을 외치게 하는, 당신을 패자의 구렁텅이 속으로 빠뜨렸던 구태의연한 사고방식을 거부하고 이전에는 생각조차 못 했던 가능성의 달인으로 자신을 쇄신시키게 하는, 그런 독특한 힘이다.

이디시 콥이 표출해내는 해결책은 주인공이 도저히 헤어날 수 없을 것으로 보이는 극단적인 상황에 빠지면서 한 회의 막을 내리곤 했던 〈플래시 고든Flash Gordon〉(공상과학소설 원작의 드라마)을 생각나게 한다. 우리는 매주 마지막 장면을 보면서 이렇게 확신한다.

"이젠 그도 어쩔 수 없어. 아무리 생각해도 방법이 없잖아."

우리는 다음 회가 시작될 때까지 가능한 모든 탈출 방법을 떠올려보지만 해답을 발견하지 못한다. 하지만 전편에 이어 이야기가 진행되면서 미처 발견하지 못했던 밧줄, 무기, 비밀통로 등의 새로운 탈출 방법이 등장하면 '속았다'고 생각한다. 전편에서는 그런 실마리가 공개되지 않았다고 굳게 믿기 때문이다. 이런 좁은 시야 때문에, 우리는 문제해결을 위한 새로운 실마리를 발견하지 못한 채 빤한 답만을 내놓는다.

이처럼 처음 문제에 직면했을 때는 숨겨진 선택지들이 눈에 띄지 않는다. 그러나 구태의연한 방법에 대한 집착을 떨쳐버리고 나면, 우리는 새로운 해결책을 발견하는 놀라움을 누릴 수 있다.

고전적인 기하학 문제를 하나 풀어보자. 2차원의 평면 위에서는 한 점에서 다른 점으로 곧바로 이동하는 일이 불가능하다. 어떤 곡선을 그리든 간에 다른 중간 지점들을 지나쳐야만 한다. 그러나 3차원의 관점에서 보면, 3차원 공간을 통해 평면(2차원) 위의 다른 지점들을 지나치지 않고도 한 점에서 다른 점으로 이동할 수 있다.

아니면 스티븐 스필버그의 영화 〈인디아나 존스〉(Raiders of the Lost Ark)를 떠올려보라. 주인공은 덩치가 크고 힘센 장사와 싸워 숙녀를 구해내야 하는 숨 막히는 상황에 놓이게 된다. 이 장면에서 곧 관객들은 주인공이 총을 빼드는 것으로 급박한 위기를 간단하게 해결하는 모습을 보고 무릎을 치게 된다.

이처럼 습관적인 사고방식에 대한 집착에서 벗어난 해결책은 외부에서 보기에는 우스꽝스러울 정도로 단순하다. 문제해결은 지혜를 얻기보다는 오히려 명백한 무지無知를 극복함으로써 달성된다. 한때 출연자를 질문이

들리지 않는 견고한 부스 안에 앉혀놓고 무작정 대답하게 하는 텔레비전 퀴즈쇼가 있었다.

"새 차를 낡은 신발과 바꾸시겠습니까?"

진행자가 물으면 부스 안의 출연자는 당당하게 답한다.

"네!"

관객들은 매우 즐거워한다. 부스 안, 즉 '귀와 눈을 닫은 무지함' 속에 있는 사람은 어리석은 결정을 한다. 만약 누군가가 우리를 온종일 따라다닌다면, 그 사람은 자신만의 '부스'에 갇혀 사는 우리를 보면서 그 퀴즈쇼의 관객과 똑같은 웃음을 터뜨릴 것이다.

창조적 사고는 무지의 안개가 걷히는 순간으로 볼 수 있다. 이런 지혜는 생존을 위한 노력에서 비롯되었다. 스스로를 보호하기 위해 강아지가 이빨을, 고양이가 손톱을 사용하는 것처럼 유대인들은 상황을 재구성함으로써 숨겨져 있던 놀라운 가능성을 발견하는 법을 배웠다. 그리고 그 지혜를 이용해 실제로 위기를 극복해낸 생존자로서, 그들은 그 방법을 더욱 신뢰하게 되었고 자신들의 성공을 자축했다.

불가능성은 일시적인 조건일 뿐이다. 이 진리는 아는 사람은 결코 포기하지 않는다. 포기하지 않겠다는 다짐

만큼 창조와 직관을 활발하게 가동시켜주는 원료는 없다. 확실한 가능성(해결책)은 서둘러 흰 수건을 던지는 사람이 아니라 게임을 지속하기로 결정하는 사람을 위해 마련되어 있다.

유대인들에게는 중세부터 이런 이야기가 전해온다.

어느 마을에서 한 아이가 죽은 채 발견되었다. 그 즉시, 범인으로 지목된 한 유대인이 체포되었다. 그는 감옥에 들어간 후에야 자신이 희생양으로 정해졌으며 더 이상 어떤 변호의 기회도 주어지지 않을 거라는 사실을 깨달았다. 그래서 그는 랍비라도 만나게 해달라고 요청했다.

감옥에 도착한 랍비는 죽음이라는 운명 앞에서 절망하고 있는 한 남자를 보게 되었다. 랍비는 그를 안심시켰다.

"방법이 없다고 생각하지 말아요. 악마가 아무리 유혹해도 넘어가지 마세요. 하느님이 굽어살피시기를…."

남자는 랍비에게 물었다.

"하지만 어떡해야 하죠?"

"어쨌든 포기하지만 않으면, 방법이 생길 겁니다."

어느덧 재판일이 되었고, 판사는 짐짓 공평한 판결이라는 평판을 얻고자 피고에게도 결백을 증명할 기회를 주겠다며 이렇게 제안했다.

"피고는 신앙을 갖고 있으니, 나는 하느님에게 이 문제를 맡기고자 한다. 나는 하나의 종이 위에 '무죄', 다른 종이 위에는 '유죄'라고 적을 것이다. 피고는 그중 하나를 고르면 된다. 그대의 운명은 하느님에게 달렸다."

그 유대인이 생각하기에, 판사는 아마도 두 개의 종이 위에 모두 '유죄'라고 적어놓을 것이 뻔했다. 간단히 말해, 살아날 가능성은 전혀 없었다. 그는 '무죄'라고 쓰인 종이를 고를 수가 없다. 그런 종이는 애초부터 없기 때문이다.

그러나 그는 랍비의 충고를 기억해내고, 잠깐 마음을 가라앉혔다. 그때 새로운 해결책이 번뜩였다. 그는 하나의 종이를 골라 그것을 입에 넣고 삼켜버렸다. 지켜보는 사람들은 모두 경악했다.

"이게 무슨 짓인가? 그걸 먹어버리면 자네의 운명을 확인할 수가 없잖나!"

그는 대답했다.

"간단한 방법이 있습니다. 다른 종이에 적힌 말의 정 반대가 바로 저의 운명일 테니까요."

만약 이 상황을 제한된 시야로만 바라봤다면 그는 죽음을 피할 수 없었을 것이다. 강제적이고 교묘한 함정 속에서도, 그는 새로운 관점에서 0퍼센트의 가능성을 100퍼센트로 변화시켰다. 다른 말로, 상황을 재구성함으로써 현실을 완전히 뒤바꿔놓는 일이 가능해졌다.

이 책의 목적은 이처럼 상황을 재구성하는 유대인의 사고방식을 배우기 위한 것이다. 그것은 현실을 주의 깊게 관찰하는 유대인의 민족적인 기질에 의존하고 있다. 고대부터 유대 신비주의 전통에서는 현실이 마치 양파처럼 겹겹이 이루어져 있다고 믿어왔다. 하나씩 껍질을 벗김으로써, 우리는 상황의 한쪽 면만을 보았을 때보다 훨씬 더 정확하게 현실을 파악할 수 있게 된다.

이 책은 총 4부로 구성되어 있으며, 그 각각은 현실의 네 가지 영역 또는 차원을 설명한다. 내가 여기서 제시하려는 것은 새로운 해결책을 발견하는 방법이라기보다는 현실의 다양한 측면을 인식하지 못하도록 방해하는 무지의 구조를 깨뜨리는 방법이다.

아래의 영역 구분은 네 가지 차원에 대한 알터 레베 Alter Rebbe*의 설명에서 기인한 것이다.

1. 드러난 세계의 드러난 영역(제1영역: 정보의 차원)
2. 드러난 세계의 숨겨진 영역(제2영역: 상징의 차원)
3. 숨겨진 세계의 드러난 영역(제3영역: 직관의 차원)
4. 숨겨진 세계의 숨겨진 영역(제4영역: 무한한 가능성의 차원)

---

* 18세기 하시디즘(유대 신비주의의 한 분파)의 뛰어난 학자이자 〈타냐Tanya〉의 저자.

차례

제2부 상징의 차원

제3부 직관의 차원

제4부 무한한 가능성의 차원

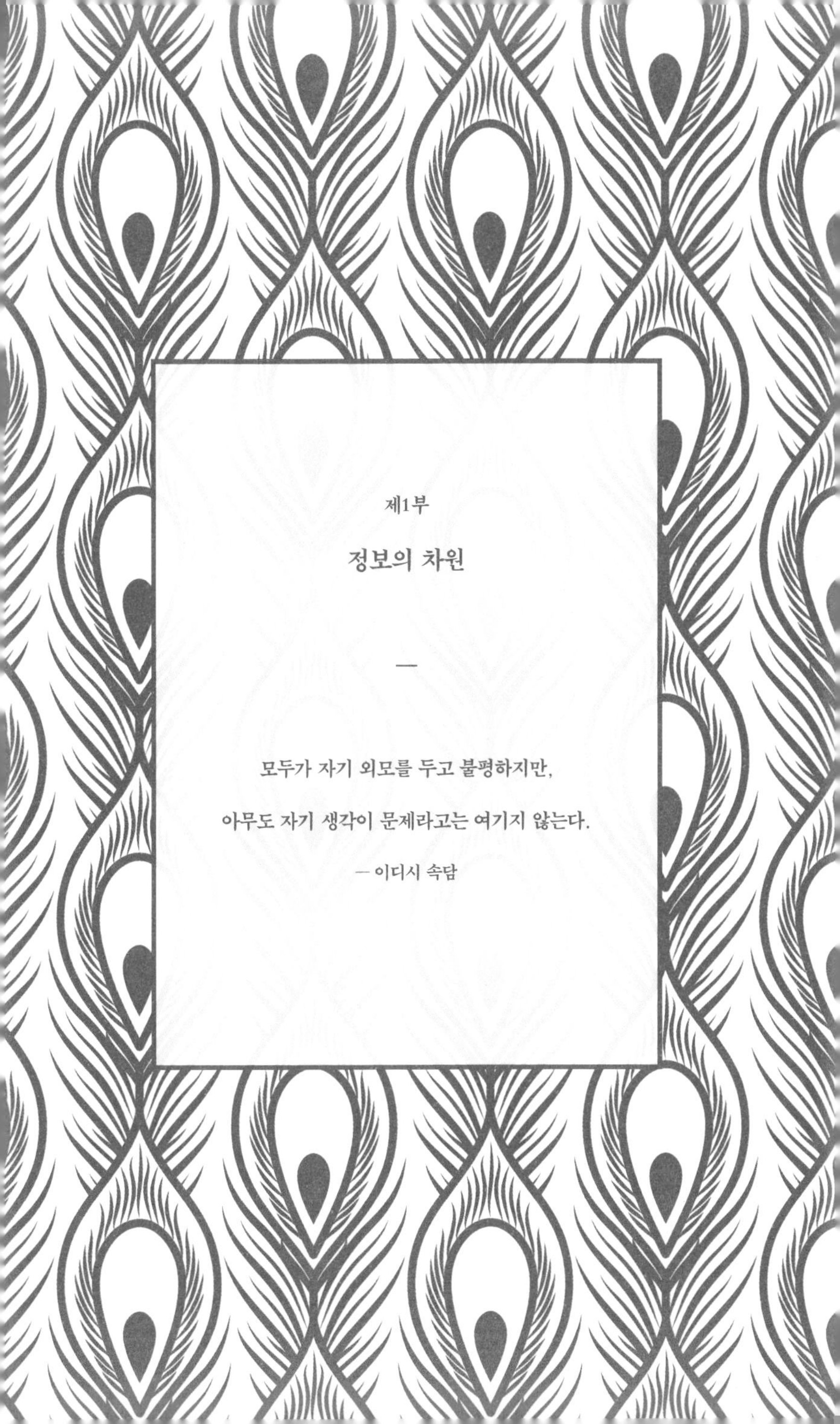

제1부

정보의 차원

—

모두가 자기 외모를 두고 불평하지만,

아무도 자기 생각이 문제라고는 여기지 않는다.

— 이디시 속담

드러난 세계의 드러난 영역

드러난 세계의 드러난 영역(이하 제1영역)* 은 엄청난 양의 정보가 명확하고 구체적으로 보이는 가운데, 단 한 가지 사실만이 감춰져 있는 차원이다. 매우 밝은 빛 속에는 어둠이 있을 수 없듯이, 이 차원에서는 모든 것이 명확하게 뚜렷한 결과를 향해가는 것처럼 보인다. 마치 예정된 순간과 공간과 지점을 향해 시간이 흘러갈 뿐인 것처럼 느껴진다. 우주는 냉정하고 정적靜的이며, 그로 인해 우리는 예견과 예측을 할 수 있다. 이 차원 속에서는 논리만

---

* 통합적인 현실이 네 겹으로 이루어진 양파라고 보았을 때, 이 영역은 제일 바깥쪽 껍질이라 할 수 있다. 그 안에는 제2영역(드러난 세계의 숨겨진 영역)과 제3영역(숨겨진 세계의 드러난 영역)이 있고 가장 안쪽에는 제4영역(숨겨진 세계의 숨겨진 영역)이 존재한다. 역주.

이 절대적으로 우월하고 유효한 것이 된다.

하지만 이 구체적이고 명백한 영역에는 언제나 위험 요소가 도사리고 있다. 우리는 제1영역이 현실의 '일부분'에 불과하다는 사실을 잊어버리기 십상이다. 다시 말해, 사람의 마음은 제1영역만을 검토하려는 경향이 있기 때문에 우리는 모든 것을 이 영역 속으로 환원시킬 수 있다는 착각에 빠질 수 있다. 보지 못한 사람은 보지 못한 것에 대한 지식이 없다. 반대로, 본 사람은 자신이 본 것만이 전부라고 생각한다.

"입이 있어도 말하지 못하며, 눈이 있어도 보지 못하며, 귀가 있어도 듣지 못한다."(시편 135:16-17)

이 표현은 바로 여기서 비롯되었다.

시야(sight)가 자원인 동시에 한계가 된다는 사실을 깨닫기는 쉽지 않다. 초등학교 아이들에게 논리적인 사고를 키우는 연습으로 뺄셈 문제를 낸다고 할 때, 그 문제 자체는 환원된 형태를 띤다. 예를 들어보자.

"심부름에 간 소년은 여섯 개의 사과를 샀다. 그런데 집에 왔을 때는 두 개밖에 없었다. 소년은 몇 개의 사과를 잃어버렸는가?"

그러자 "세 개", "여섯 개", "두 개", "없다" 등의 그럴듯한 대답이 나왔다.

"없어요."

사실 소년은 잃어버린 게 아니라 도둑맞았기 때문이다.

"세 개요."

세 개는 잃어버리고 한 개는 소년이 먹었기 때문이다.

"여섯 개요."

사과 여섯 개가 모두 썩어 있었기 때문이다.

"두 개요."

소년은 반값에 사과를 샀기 때문에, 네 개를 잃었지만 실제로는 두 개를 잃은 셈이기 때문이다.

"없어요."

왜냐면 사과는 사라진 게 아니라 자연으로 돌아갔기 때문이다!

논리적인 답은 분명히 "네 개"이다. 그러나 그것은 가장 볼품없는, 최악의 답이라고 볼 수 있다. 반면에 "두 개"라는 대답은 자연스럽고 경험적이며 풍부한 정보를 담고 있다. 소년이 반값에 사과를 샀다면 그는 두 개만을 잃어버린 셈이 된다. 이 대답은 단순히 셈하는 방법뿐만 아니라 손해를 보았을 때 우리의 반응, 즉 인간의 본성에 대해서도 말해주고 있다.

우리는 종종 우리가 서로 유사한 방식으로 사고한다는 사실을 발견한다. 예를 들어, 우리는 돈을 잃었을 때 즉각적으로 얼마 전에 어디선가 얻었던 큰 이득을 기억해낸다. 그러고는 그 이득에 비해서 지금의 손실은 별것 아니라고 계산해버린다. 그러므로 "두 개"라는 대답은 절대적인(absolute) 진리는 아니지만, 존재적인(existential) 진리라고 할 수 있다.

그러나 현실을 평면적으로 파악하는 데만 집착할 때, 우리는 현실의 새로운 측면을 창출하거나(소년은 사과를 반값에 샀다), 의문을 품거나(소년은 사과를 분실했는가, 먹었는가, 도둑맞았는가?), 새롭게 해석하는(사과는 분실된 것이 아니라 자연으로 돌아갔다) 등의 통찰, 즉 기본적인 조건 너머에 있는 정보를 얻지 못한다. 그러나 인생은 우리의 해석력이 문자적인 차원을 넘어선 더 높은 이해로써 이 세상에 대처할 수 있을 만큼 성장하기를 끊임없이 요구한다.

물론 제1영역은 절대적으로 중요하다. 유대 전통의 위대한 스승 중 하나인 라시Rashi*는 전문적으로 성서를

---

* 라시는 랍비 슐로모 벤 이삭Rabbi Shlomo ben Isaac(1040-1105)을 줄여 부르는 말이다.

해석하는 일에 일생을 바쳤다.** 그러나 그는 지혜롭게도 이런 단순한 산수 문제에 습관적으로 "네 개"라고 답하는 태도가 빚어낼지도 모르는 무서운 결과를 알고 있었고, 문자 그대로의 해석은 현실의 전부가 아니라 일부분에 불과하다는 사실을 이해했다.

"신중하라! 그 길로 계속 간다면, 너는 십중팔구 그곳에 도달하게 될 것이다!"

유대의 이 격언은 그저 식상하고 빤한 말이 아니다. 어떤 문장을 온전히 이해하려면, 그 문장 자체에만 매달려서는 안 된다는 사실부터 깨달아야 한다. 한 문장은 단지 현실을 구성하는 하나의 요소로서, 그 의미를 뚜렷하게 만들어주는 문맥 속에서만 두드러져 보일 뿐이다. 라시는 이러한 사실을 알고 있었다. 더 나아가, 그는 문자적인 차원을 실마리로 삼아 다른 경험적인 차원들의 비밀을 밝힐 수 있다고 믿었다. 그러나 그러려면 해석자가 특정 문제에 의미를 부여해주는 배경(background)이나 틀(frame)을 먼저 분명하게 인식하고 있어야 한다.

** 유대의 학자들에게 성서의 해석은 학문적인 추구 이상의 의미를 지닌다. 그들은 실제로 창조주가 창조의 도구로 히브리어를 사용했다고 믿는다. 때문에 〈토라〉(모세5경)와 같은 경전은 우주의 비밀이 담겨 있는 일종의 암호문이며, 그 암호를 해독하는 일은 곧 신에게 다가가는 종교적인 성취로 이어진다. 역주.

눈앞의 문제 그 자체만을 이해하고자 인식을 갈고 닦는 것이 아니라, 그 문제가 의도적으로 밝히지 않은 부분이 무엇인가에 대해 항상 관심을 기울이고 신중히 검토하는 사람이야말로 진정 현명하다고 볼 수 있다.

이것이 바로 현자賢者의 훈련된 시각이다. 이런 사람에게는 검은 불(black fire)로 쓰인 문장만큼이나 그 글자 주변에 흰 불(white fire)로 쓰인 '여백'도 목적과 계산을 지닌 실제적인 무엇이 된다.

어쨌든 극도로 미묘하고 복합적인 이 세상을 제대로 파악하려면, 먼저 우리 스스로가 세상의 단순성과 구체성에 놀랄 준비가 되어 있어야 한다. 열린 상태는 숨겨진 차원을 생생하게 엿볼 수 있게 해준다. 몰랐던 영역이 드러날수록 우리는 새로운 빛을 보게 되고, 처음에 떠올렸던 생각들이 제한되고 미숙했었다는 사실을 깨닫게 될 것이다.

제1영역(정보의 차원)은 이 책의 4부에서 다루게 될 제4영역(무한한 가능성의 차원)과 직접적으로 연결되어 있다. 제1영역은 당신이 맨눈으로 볼 수 있는 저 끝부분, 이를테면 하늘과 땅이 만나는 지평선까지 펼쳐져 있다. 하지만 드러난 형상(땅)과 숨겨진 본질(하늘)이 만나는 듯 보이는 그

접점에서도, 실제로 그 두 세계가 맞닿지는 않는다. 하늘과 땅이 입맞춤한다고 판단했던 바로 그 장소에 도달하더라도, 당신은 다른 장소에서와 똑같은 간극이 또다시 펼쳐진다는 사실을 발견하게 될 것이다.

그럼에도 현자들이 당면한 문제의 이면에 숨겨진 요소들까지 발견해내는 것은, 진정한 지혜를 보지 못하게 하는 근원적인 맹점(blind spot)을 간파하고 있기 때문이다. 그러므로 제1영역은 무지를 발견하는 데 사용한다는 전제하에서만 인간에게 필요불가결한 방편이 될 수 있다.

주어진 문제를 벗어나지 말라

역사, 전기傳記, 문학의 비평가들은 믿을 만한 출처를 지닌 최초 상태의 본질적이고 고유한 정보를 발굴하는 작업에 대한 관심을 오랫동안 공유해왔다. 이들은 연구 주제를 깊이 이해하고자 가능한 한 날것 그대로의, 그리고 문자 형태의 원전에 의존한다. 때문에 세월이 흐름에 따라 가해진 변형(추가 또는 삭제)이 적을수록 그 문헌의 가치는 치솟는다. 이때 하나의 순수한 문장은 그 자체로 해석될 수도 있지만, 그 문장에 대한 우리의 무지를 일깨워 주는 방식으로 작용할 수도 있다. 이처럼 어떤 진술에 의미를 부여하고 그에 대한 지식을 보완하는 일은 바로 우리가 '알지 못하는 부분(無知)'을 정확하게 인식함으로써 가능해진다.

성서의 원문原文은 지식의 상대성을 보여주는 극적인 예이다. 특히, 요한계시록은 그 자체가 원문과 해석의 끊임없는 상호작용이다. 동의하지 않는 사람도 있겠지만, 분명히 하나의 해석은 그 원문의 실체성(literalness)에도 구체적인 영향을 미친다. 이처럼 어떤 문제를 해결하려 할 때는 반드시 어디까지를 제1영역으로 볼 것인가에 대한 분명한 기준이 있어야 한다. 그렇지 않다면 우리의 무지가 제1영역의 가치를 훼손하고 문제해결 과정에 족쇄를 채워 상황을 더욱 불투명하게 만들 것이기 때문이다.

제1영역은 분명하게 묘사되거나 식별되어야 한다. 인간이라는 존재는 이 영역을 통해서 가장 깊숙이 감춰진 차원을 체험할 수도 있다. 때문에 가장 첫째이며 으뜸으로 해야 할 일은 주어진 모든 요소(자료, 관점, 배경)로부터 '문제의 발단'을 구별해내는 일이다. 예를 들어 신의 계시인 성서를 해석하는 작업에서도 객관적으로 믿을 만한 '원전'을 식별해내는 일이 선행되어야 하며, 그 '원전'은 언제든지 새로 발견된 문서로 대체될 수 있다는 사실이 받아들여져야 한다.

문제의 발단이나 배경이 바뀔 수 있다는 사실을 무

시하는 태도는, 무지에 휩싸여 스스로 신성한 조각 맞추기 놀이를 망쳐버리는 셈이나 다름없다. 어떤 문제나 명제를 오로지 객관적으로만 독해하는 일은 오히려 무지를 확장하는 결과를 낳는다. 어떤 정보를 무의미한 것으로 날려 보내지 않으려면, 신중하면서도 개방적인 태도로 접근해야 한다. 하지만 우리는 대개 그러지 못하므로, 문제를 해결하는 데 많은 어려움을 겪는다.

문제의 발단을 있는 그대로 보존함으로써 그 안에 숨겨진 의미를 발견하거나, 그 숨겨진 의미 속에 또다시 숨겨져 있는 의미까지도 발견하는 것, 이것이 바로 유대 현자들의 비밀이다.

한편, 유대의 현자들은 제1영역과 꾸준한 접촉을 유지함으로써 광기와 허무로부터 문제의 실마리를 보호한다. 그들의 특별한 여행은 주어진 토대를 벗어나지 않는 한도 내에서만 이루어진다. 시인이자 철학자인 자크 데리다Jacques Derrida는 이렇게 말했다.

"유대인들에게 — 또한 시인들에게도 — 성서는 영원히 자기 제약적이고 자기 성찰적인 무엇이다. 성서의 내용은 그 자체로 특유하다. 그리하여 유대인들과 시인들은 이곳저곳 방랑하지만 오직 성서만을 고향으로 삼는다. 자유로운 말놀이와 시가 자라나고 뿌리내리는 곳은 다름 아닌 십계명 석판의 부서진 조각들 틈새다. 성서의 새로운 모험은 유대인의 모국, 즉 '신성한 원전과 기존의 해석들'이라는 제 출신을 잊지 않은 방랑자에 의해, 잡초가 자라나듯 이루어진다."

이처럼 '외지의' 해석이 쓸모가 있으려면 원문에 대한 충실성이 전제되어야 한다. '외지의' 해석은 이 문자적 차원에서 한시도 발을 떼지 않으면서 드러난 세계의 드러난 영역을 능가하는 이해를 얻을 수 있게 해준다.

다음의 질문을 함께 생각해보자.

"작가가 가져야 할 가장 중요한 자질은 무엇인가?"

유대의 현자는 "약간의 식욕"이라고 답할지도 모른다. 이것은 질문 그 자체에 한껏 충실한 의미의 대답이다. 두말할 필요 없이 더 정확한 다른 대답들이 존재하겠지만, 이 대답 역시 작가 비스름한 직업을 추구하는 모든 사람에게 충분조건은 못 되지만 분명히 필요조건의 하나인 사항을 지적해주고 있다. 즉, 질문의 원 의도에서 벗어나지 않으면서도 '생계 문제'를 언급함으로써 더 보편적인 현실을 고려하게 만드는 답인 것이다.

이 대답은 틀에 박힌 사고방식, 즉 문학적인 재능을

뜻하는 단어 목록에서 하나를 즉각적으로 뽑아내는 구태의연한 과정을 거스르고 있다. 여기서 우리가 알아두어야 할 것은, 이 대답이 '해석'의 차원이 아니라 어디까지나 '질문 그 자체'의 범위 안에서 일어났다는 사실이다. 이 대답은 "작가가"라는 조건에 다른 사실을 덧붙이지도, "가져야 할"이라는 본래의 관점을 변경하지도, "자질"이라는 주어진 개념을 무시하지도 않았다. 그러므로 이 대답은 절대적으로 질문 그 자체에 충실하다.

본질은 항상 숨겨져 있다

무언가를 제시하고 있다는 점에서 말과 글(제1영역에 속하는 대표적인 요소들)은 본질적인 가치를 지닌다. 한편 무언가가 말해질 때, 그 말에 포함되지 못한 부분들은 이 세상의 미스터리로 남는다.

성서에 따르면, 유대의 기도서에는 "하느님의 말씀으로 세상이 존재하게 되었다"고 쓰여 있다.* 이처럼 창조는 무언가를 주장하는 행위임과 동시에, 주장되지 못한 모든 것이 생겨나게 하는 행위이기도 하다. 루리아**에

---

* 아침 예배에서 찬송 전에 행해지는 기도문의 도입부(pesukei de-zimra).

** 이삭 루리아Isaac Luria(1534-1572)는 유대 역사상 손꼽히는 신비주의자로서 아리 잘Ari Zaal, 신성한 랍비 이삭(Divine Rabbi Isaac) 등의 이름으로도 알려졌다. 역주.

따르면, 창조주는 자신 안에 빈자리를 만들었다. 그럼으로써 일체는 비어 있을 수 있었으며 그리하여 일체는, 어떤 것이 주장될 때(말해질 때) 동시에 일체가 암시되는 그런 본성을 지닐 수 있게 되었다. 오로지 이로써만 앎과 인식이라는 현상이 일어날 수 있는 것이다.

그에 따르면, 우주 만물의 태초이자 기원이 되는 창조는 '일종의 욕망들(vessels)'* 이 존재로서 모습을 갖춰가는 분화의 과정이다. 우주의 순수한 본질과 빛은 개별화된 욕망 안에만 담길 수 있다. 하나의 단일하고 우주적인 욕망이 산산이 조각나는 과정이 곧 창조의 행위이므로, 창조는 본질(essence)적이기보다는 형상(form)적인 것이다.

그러나 비록 쪼개진 상태임에도, 형상에는 본질이 담길 수 있다. 우주의 역사에서 가장 경이로운 사건은 바로 본질이 '형상'에 일부러 자리를 내준 일이다(이것이 바로 우주 창조다). 그러자 온갖 욕망의 역사가 펼쳐졌고, 형상들은 본질을 품기 시작했다. 아무것도 만들어내지 않는 본질을 대신하여 형상은 이 세상을 만든다. '자동차'라는

---

* 유대 신비주의에서는, 충족되려는 '그릇(vessel)'이 채워주려는 '본질(essence)'을 거부하는 순간 대폭발이 일어났고, 그 후 그 그릇이 산산이 조각나면서 우주가 창조되었다고 설명한다. 여기서 '그릇'은 아직 채워지지 못한 무언가를 요구하는 것이므로, 이 책에서는 이해를 돕고자 '욕망'이라는 단어로 옮겼다. 역주.

형상은 '개', '모기' 등의 형상과 마찬가지로 어떤 절대적인 본질을 표현하고 드러낸다. 우리가 아는 본질은 전부 눈에 보이는 형상을 통해 끌어내진 것이다. 공기보다 무거운 물체를 하늘로 띄우는 데 필요한 법칙들을 발견하게 해준 형상들, 이를테면 '새'와 같은 형상들의 도움으로 우리는 비행을 할 수 있게 되었다.

그러나 기존의 형상들로부터 배운 지식으로는 대처할 수 없는 형상들이 등장할 때 온갖 문제가 발생한다. 예를 들어 태양열 에너지는 분명 지구의 에너지 고갈 문제를 해결할 수 있지만, 그것을 감당할 만한 또 다른 형상(장비, 기술)이 등장하기 전까지는 쓸모가 없다. 이처럼 하나의 형상이 등장하는 순간, 다른 모든 형상들도 잠재적으로 규정된다.

엄밀하게 말해 제1영역은 이런 욕망과 형상들이 모인 차원이며, 이 영역의 밖에는 미처 형상화되지 못한 온갖 것들이 존재하고 있다. 이것이 바로 어떤 구체적인 문제 또는 상황이 지닌 가치다. 형상은 다른 형상만을 존재케 할 수 있으며, 이런 배타성을 통해 역설적으로 본질을 드러낸다. 우상숭배를 금한 십계명도 이와 관련이 있다. 형상은 신이 자신의 안쪽을 비우며 만들어낸 공간 속에서 생겨났으므로, 형상에만 집착하는 태도는 종잡을 수 없는 무언가에 현혹되는 결과를 낳게 되기 때문이다.

확인할 수 있는 것과 확인할 수 없는 것은 동전의 양면이며, 그중에 확인할 수 없는 것이야말로 진정으로 존엄한 가치를 지닌다. 눈에 보이는 모든 것은 형상일 뿐이며, 오직 보이지 않는 신만이 본질이다.

지식도 마찬가지로 창조된 형상들을 통해 생겨난다. 따라서 '지식'이나 '형상'이 아니라 '본질'을 전하고자 하는 동서고금의 경전들은 반드시 미처 말하지 못한 무언가를, 또는 알려줄 수 없는 무언가를 넌지시 암시하는 나름의 형식을 갖추고 있다. 그러나 우리가 문자 그대로의 뜻에만 탐닉해서 다른 해석의 가능성을 열어두지 않는다면, 본질은 영원히 형상에 의해 감춰지고 형상이 창조되기 이전의 상태에 접근할 방법은 사라져버릴 것이다.

한편, 의식(consciousness)과 지식(knowledge)은 욕망을 만들어내는 현실적인 역할을 담당한다. 형상을 토대로 삼아 본질을 추구하기도 하지만, 때로는 일부러 본질과 거리를 둠으로써 현실적인 일들이 방해받는 일이 생기지 않도록 조절하기도 한다.

한 랍비가 죽음을 앞두고 침대에 누워 있었다. 그의 유언을 듣고자 몰려온 수백 명의 제자는 집 안에 모두 들어가지 못해 집 주변을 에워싸고 있었다. 마침내, 스승을 정성껏 모셨던 제자 한 사람이 용기를 내어 스승에게 나아가 귀에 대고 속삭였다.

"스승님, 지혜로운 말씀을 남겨주고 떠나셔야죠. 저희는 모두 스승님의 가르침을 기다리고 있습니다."

한참이 지나도 아무런 반응이 없자, 제자들은 스승이 이미 세상을 떠난 줄 알고 훌쩍이기 시작했다. 그때 갑자기, 아주 힘겹게 조금씩 스승의 입이 움직이더니 소리가 흘러나왔다. 제자들은 가까이 다가가 귀를 기울였다.

"인생은 한 잔의 차와 같다."

침대맡에서 그 지혜의 말을 직접 들은 제자들은 몹시 흥분해서 크게 외쳤다.

"인생은 한 잔의 차와 같다!"

제자들의 입을 통해 그 말은 이 방에서 저 방으로, 그리고 집 밖의 거리를 향해 빠르게 전달되었다.

"스승님이 말씀하시길, 인생은 한 잔의 차와 같대!"

그 알쏭달쏭한 가르침 때문에 모든 제자의 머릿속이

복잡해졌을 때, 누군가가 당돌하게 반문했다.

"왜 인생이 한 잔의 차와 같을까?"

그러자 다른 제자들도 같은 의문을 품기 시작했고, 그 질문은 다시 거리로부터 집 안으로, 집 안에서 다시 랍비가 죽어가는 방 안으로 전달되었다. 결국 다시 한 번, 제자 중 한 사람이 용기를 내어 물었다.

"존경하는 스승님, 부디 대답해주시기 바랍니다. 왜 인생은 한 잔의 차와 같습니까?"

스승은 마지막 숨을 내쉬면서 간신히 대답을 내뱉었다.

"알았다. 그럼, 인생은 한 잔의 차와 같지 않다고 해두자."

거리에서 전달된 질문 때문에 처음 스승이 들려준 대답은 무용지물이 되어버렸다. 본질을 향한 질문이 던져졌을 때, 형상은 그에 대한 신의 응답을 드러내는 도구로 유용하게 쓰일 수 있다. 그러나 그 질문과 대답 사이에는 '간격'이 있음을 이해해야만 그 대답은 온전한 가치를 갖게 되며, 이런 이해는 사람들이 생각하는 것만큼 간단하지가 않다. 때로는 대답 그 자체보다 오히려 질문에 더 많은 대답이 들어 있을 수도, 반대로 대답에 질문 그 자체보다 더 많은 의문이 담겨 있을 수도 있다.

아까의 이야기로 되돌아오면, 랍비는 의미심장하게 간직될 수 있는 어떤 말을 남겼고, 그로써 유언 뒤에 숨겨진 참뜻을 찾기 위해 다양한 해석이 전개될 가능성이 생겨났다. 그러나 그의 제자들은 그 유언이 '대답'이 아니라 일종의 '문제'라는 점을 이해하지 못했으므로, 실제로 그 유언은 의미를 잃어버렸다.

스승의 마지막 가르침에 의심을 품은 한 사람 때문에 모든 사람이 그 말을 둘러싼 맥락을 무시해버렸고, 덕분에 그 가르침은 공허한 말로 전락했다. 실제로는 랍비의 말 그 자체를 분석하기보다 '병상', '가르침', '랍비', '제자' 등 그 상황을 둘러싼 배경의 의미를 이해하는 일이 더 중요했다. 이처럼 특별한 상황에서 나온 대답을 고립된 정보만으로는 뚜렷하게 이해할 수 없기 때문이다.

곧 살펴보겠지만, 대답을 의문으로 되돌려놓지 않는 사람이 의미의 주인공이듯이, 의문을 만들어내는 사람 또한 의미의 주인이다.

질문에서 답을 찾으라

앞장에서는 '형상'에 집착한 탓에 '본질'을 놓쳐버린 제자들 이야기를 소개했다. 그렇지만 체계적인 질문은 본질에 접근하는 좋은 방법이 될 수 있다.

당신은 유대인들이 어떤 질문에 대해 대답 대신 또 다른 질문으로 맞받아치는 모습을 쉽게 발견할 수 있을 것이다. "당신네는 왜 대화를 질문으로만 이어가는 거요?" 하는 질문에 "그러면 안 될 이유라도 있나요?" 하고 되물었다는 우스갯소리가 있을 정도다.

하나의 질문은 또 다른 질문에 깊이를 더할 수 있음은 물론이고 대답으로서의 역할도 할 수 있다. 즉 질문은 이미 그 자체로 설명의 과정이며, 직역주의자(literalist)들은 이런 사실을 잘 알고 있다. 문서를 연구하는 사람들은 그 문서에 대한 의문점을 나열하는 것도 하나의 훌륭한 해석방법이 될 수 있다고 생각한다. 끝내 그 의문들에 대한 답을 찾지 못하더라도 말이다.

라시와 같은 고대의 직역주의자들이 후배 랍비들을 교육할 때 가장 중요시했던 점은, 어떤 문서에서든 '정답'을 찾아내기는 불가능하며 오히려 '질문'을 만들어내는 작업만이 가능하다는 사실을 이해시키는 일이었다. 이처럼 그들은 문서를 해석하고 그 배경을 탐구하는 만큼이나, 문서에 절대적인 의미를 부여함으로써 정통성을 확립하는 일에도 힘을 기울였다.

유대인은 직역주의자이자 형상론의 전문가로서 인정받아왔다. 이는 우상숭배를 금하는 유대교의 교리와 모순되는 듯 보인다. 직역주의자는 본질을 놓쳐서도 안 되지만, 학문적인 성취는 어디까지나 동시대에 살아가는 사람들의 틈 속에서 이루어진다는 사실도 알고 있다. 그래서 그들은 곤란함을 무릅쓰고 굳이 사물에서 '의미'를 뽑아내려 애쓰는 것이다.

동양의 영감 어린 가르침을 전해주는 다음의 이야기를 통해 우리는 이런 점을 더 잘 이해하게 될 것이다.

참된 진리가 무엇인지에 대해 고심하던 한 남자가 아주 먼 마을에 사는 유명한 현자를 찾아가기로 결심했다. 길고 고된 여행 끝에 마침내 그곳에 도착한 그 남자는 어떻게 해야 그 유명한 현자를 만날 수 있는지 묻고 다녔다. 그러자 마을주민들은 코웃음을 쳤다.

"그는 거의 20년 전부터 은거하고 있다오. 그가 무엇하러 당신같이 수상한 외지인을 만나주겠소?"

그러나 구도자는 포기하지 않았다. 그는 현자의 제자들이 지쳐서 스승의 방에 들여보내 줄 때까지 끈질기게 기다렸다. 방에 들어가자 공부를 하고 있던 현자는 고개를 들어 그를 보았다.

"위대한 스승이시여. 오랫동안 저를 괴롭혀온 의문에 대한 답을 얻고자 이 먼 길을 왔습니다. 저는 당신의 지혜 속에서 그 답을 구하고자 합니다."

그러자 현자는 친절하게 물었다.

"그래, 무엇이 그리 궁금하신가?"

"무엇이 참된 진리입니까?"

질문을 들은 현자는 그를 지긋이 바라보고는, 가까이 다가가 뺨을 후려쳤다. 화가 나고 어이가 없어진 남자는 근처 술집에 들러 울분을 달랬다. 그러자 그 마을의 한 젊은이가 다가와 무엇 때문에 이리도 술을 많이 마시느냐고 물었다. 그간의 이야기를 다 듣고 난 젊은이는 곰곰이 생각하더니 이렇게 말했다.

"아시겠지만, 아무 이유 없이 그러실 분이 아닙니다. 분명히 뭔가 이유가 있을 겁니다."

그때 마침 테이블 주위에서 이야기를 듣고 있던 현자의 한 제자가 대화에 끼어들었다.

"스승님이 때려주셨기에 당신은 비로소 알게 되었잖소. '절대 훌륭한 질문을 답과 바꾸려 해선 안 된다'는 걸 말이오."

어떤 연구에서든, 먼저 직역주의자가 되는 법을 깨닫는 일이 중요하다. 즉, 당신은 주어진 질문의 범위를 벗어나면 안 된다. 주어진 질문의 범위 안에서 가능한 모든 해석과 재해석의 가능성을 탐험해야 한다. 참가자가 폐쇄된 부스 안에서 어떤 계약조건인지도 모른 채 결정을 내려야만 하는 TV 프로그램을 다시 떠올려보라. 심사숙고하지 않은 채 '대답'이라는 행위가 이루어지면 오히려 혼란과 무지가 가중된다. 또한 무지보다 더 어리석은 오만함과 근거 없는 확신이 가장 소중한 것을 가장 불필요한 것과 바꾸도록 당신을 종용할 수도 있다.

질문에 또 다른 질문으로 대처하는 방법은 이런 위험에서 안전하다. 그러나 무의미한 말장난이 아니라 애초의 의문에 더욱 풍부한 의미를 덧붙이는 작업에는 꽤 주의 깊은 분별력이 필요하다는 점을 잊어서는 안 된다.

앞으로 당혹스러운 질문을 만나게 되면, 당신 자신에게 계속해서 질문을 던지라. 그것이 바로 제1영역을 온전히 발견하는 방법이다. 그럴 때, 형상은 저 스스로 미묘함과 다채로움을 한껏 발산하며 본질을 드러낼 것이다. 이처럼 지식을 얻으려면 문제를 '축소'하기보다 '확대'하는 방향을 관철하는 노력이 필요하다.

마음의 저항을 극복하라

한 제자로부터 얼마 전에 자신이 마부가 되었다는 이야기를 들은 랍비 부남Bunam은 이렇게 말했다.

"머지않아 자네의 머릿속은 말에 대한 생각으로 가득 차겠군. 자네 마음속이 벌써 마구간으로 변했어."

우리는 이미 머릿속에 구축된 지식체계를 통해 보고, 듣고, 이해한다. 우리는 마음의 감옥 속에 너무나 오랫동안 갇혀 지낸 끝에 거기서 불만조차 느끼지 못하는 지경에 이르렀다. 그러나 진정으로 중요한 것은 당사자의 예측이나 성향이 아니라 상황 그 자체다. 틀에 박힌 사고를 부채질하는 자료에 현혹되거나 근거 없는 확신에 빠지지 않는 것은 마치 오래된 습관을 버리는 일만큼이나 어렵다.

행동 패턴을 바꾸는 데 어떤 조치가 필요한 것처럼, 마음의 틀이 무지의 첫째가는 원천임을 인식하고 대처할 때에만 우리는 그것에서 벗어날 수 있다. 조건화되고 왜곡된 틀로 현실을 인식하는 사람보다, 때로는 어수룩하고 분별력 없는 사람이 덜 무지할 수 있다.

옛 이디시 속담에는 이런 말이 있다.

"빠르거나 느린 시계보다는 망가진 시계가 더 낫다. 적어도 하루에 두 번은 맞지 않는가!"

굳어진 사고방식에 묶여 있는 한 당신은 현실을 명료하게 바라볼 수 없다. 이런 경우에는 차라리 해결책을 구하지 않는 편이 더 낫다. 나중에는 이조차도 버리게 되겠지만, 처음에는 문제를 바라보는 기반(terra firma)이 잘 구축되어 있어야 한다. 그렇지 않다면 당신은 돌아갈 곳이 없으므로 '귀향'이나 '망명'조차 할 수 없는 처지가 되며, 그렇다고 의미를 찾아 떠도는 순례자나 방랑자가 될 수도 없을 것이기 때문이다.

우리는 익숙함에서 낯섦으로 끝없이 움직여가는 동안에만 의미를 발견할 수 있다. 고향에서의 편안함과 외지에서의 놀라움은 둘 다 목적을 달성해갈 때 필수적인 부분이다. 만약 이런저런 선입관이 모두 정당하다면, 만물이 아무런 기준점 없이 운행하는 꼴과 같을 것이다.

브라츨라프Bratslav(현재 우크라이나에 속하는 지명)의 랍비 나크만Nackman은 〈탈무드〉에 기록된 아래의 이야기에 빼어난 해석을 덧붙였다.

> 솔로몬과 파라오의 딸이 결혼할 때, 하늘에서 천사 가브리엘이 내려와 바다에 갈대피리를 꽂았다. 그러자 그 피리 주변에 바다의 찌꺼기들이 모이더니 마침내 육지가 만들어졌다. 로마는 바로 그 땅 위에 세워졌다. 그러나 후에 로마인은 그 성전을 파괴했다.*

나크만은 이 이야기를 이렇게 설명했다.**

참되고 지혜로운 정신을 버리고 협소하게 드러난 형상만을 받아들일 때, 거기에는 정신적인 장벽이 만들어진다. 솔로몬은 참된 지혜를 상징하고, 파라오의 딸은 노예의 신분, 즉 조건화된 패턴을 뜻한다(일반적으로 이집트는 탐닉 또는 집착과 연계된 상징으로 이해된다). 그러므로 이 결혼은 참되고 무한한 지혜와 편향되고 타협적인 지혜의 결합을

---

* 〈샤바트Shabbat〉 56b, 〈산헤드린Sanhedrin〉 21b.

** 랍비 나크만의 《The Condelabrum》에서 요약 · 인용함.

의미한다. 바다는 마음을 뜻하고, 가브리엘이 강림하여 갈대피리를 바다에 꽂는 모습은 진정한 지혜를 가로막는 정신적인 장벽이 만들어지는 상황을 나타낸다. 그 결과로 비옥한 땅이 생겨나 로마가 세워지지만, 로마는 침략과 협박을 일삼는 삐뚤어진 나라가 되어 저 스스로 성전(의미)에 이르는 모든 기회를 스스로 파괴하고 만다.

문제의 참뜻과 그 구성 요소들에 개방되어야만 마음은 재창조될 수 있다. 이렇게 마음을 비우지 않는 한, 우리는 지혜를 담아낼 만한 그릇을 창조할 수 없다. 갈대피리(정신적인 장벽)에 의해 만들어진 거짓 그릇은 본질과 형상이 어지럽게 뒤섞이는 가운데서 물러지거나 망가지기 쉽다. 반면에 참된 그릇은 순수한 형상만으로 이루어져 있기에 그 안에 본질을 온전히 담아낼 수 있다.

이처럼 무언가를 창조하기 위해서는 스스로 자신의 마음을 비워야 한다. 그렇지 않다면 당신은 만물의 의미를 퇴색시키며 신전을 파괴한 끝에 멸망한 로마와 같은 처지가 되어버릴 것이다. 그 어떤 문제를 다루더라도, 그것을 있는 그대로 인정해야 하며, 모자란 부분을 채우거나 남는 부분을 잘라내려고 시도해서는 안 된다. 당신은 눈앞의 상황을 왜곡하거나 조작하는 일이 최소화되도록 노력해야 한다. 예전의 경험 속에서 형성된 정신적인 장벽을 그대로 간직한 채 길을 떠난다면, 당신은 그 여행에서 아무것도 얻지 못할 것이다. 어쩌면 당신도 모르는 사이에, (우리가 뒤에서 자세하게 다룰) 신성한 지혜의 신전마저 파괴해버릴지도 모른다.

자기중심적인 논리를 버리라

우리는 만족스럽지 못한 한계 안에 갇혀 있는 마음의 포로다. 유대의 전통문학에서 가장 흔하게 풍자되는 인물상이 바로 '천재'인데, 이들은 자신만의 논리에 사로잡히곤 한다. 그들은 지당하고 완벽한 논리로 모든 생각을 전개하기 때문에, 왜 다른 사람들이 자신의 재능과 특출한 감수성을 인정해주지 않는지 이해하지 못한다. 그들은 결코 발견할 수 없는 탈출구와 정답을 찾아 헤매면서, 미로와도 같은 자신만의 논리 속에 계속 머문다.

이런 함정을 피하려면 스스로 무지해지는 방법을 알아야 한다. 기존의 사고패턴이 더 이상 기능하지 않는, 즉 논리적이지 않은 마음의 영역을 인식하는 법을 배우는 일은 지식을 얻는 과정 중에서도 기초 단계라고 할 수 있다. 장애물과 마주했을 때 최대한의 확실성을 보장받으려 애쓰는 것보다는, 오히려 무지함으로 정면 돌파하는 태도가 더 나은 해결책이기 때문이다.

훌륭한 연구자는 쓰레기통을 적당하게 이용하는 법을 아는 사람이다. 소모적인 지식에 매달려 시간을 낭비하기보다는 자신의 무지함에 집중해야 할 때를 아는 사람이다.

한 교사가 물었다.

"열한 개의 사과를 열두 명의 학생에게 나눠주려면 어떻게 해야 할까요?"

논리를 초월한 답변은 아마도 이럴 것이다.

"간단해요. 사과를 갈아서 소스로 만들면 되죠."

자신의 논리적인 사고패턴을 의심하는 것은 최상의 삶을 살도록 도와주는 가치 있는 작업이다. 직역주의자들은 바로 이런 분야에서 중요한 역할을 담당했다. 직역주의자들은 주어진 문제나 상황에서 언급된 요소들을 강조함으로써 반대로 언급되지 않은 부분을 밝혀내고 그에 대한 우리의 무지를 확인시켜준다. 그러나 문장의 상징적, 은유적, 비유적 측면에 집착하는 사람들은 오히려 자신이 모든 의미를 다 해석해낸 양 행동한다. 그들의 논리는 그 문제나 상황에다 모순, 자가당착, 과장, 축소 등을 덧붙인 수준에 머물러 있는 경우가 대부분이다.

이처럼 천재들의 가장 공통되고도 심각한 문제는 외부 세상과는 단절되어 있는 자기중심적인 논리를 발달시킨다는 점이다. 그들은 지식이란 마음속에서 가장 반사적이고 논리적인 선택을 내리도록 해주는 고정된 무엇이며, 우주 만물은 그 지식에 뒤따른다고 믿는다. 유대인에게 전해지는 다음의 이야기는 그 좋은 예가 될 것이다.

너무나 운 좋은 나날을 보내고 있던 샤피로Shapiro는 생애 처음으로 배를 타고 프랑스로 여행을 떠나기로 결심했다.

그 첫날, 샤피로는 잘 차려입은 어떤 프랑스 남자와 함께 저녁 식사를 하게 되었다. 샤피로가 다가오자 그 남자는 자리에서 일어나 인사를 건네며 이렇게 말했다.

"보나뻬띠Bon appétit(많이 드세요)!"

샤피로는 대답했다.

"샤피로Shapiro(저는 샤피로라고 합니다)!"

똑같은 일이 매일 저녁마다 반복되었다. 그리고 샤피로는 여행의 마지막 날이 되어서야 여객선의 사무장으로부터 "보나뻬띠"는 그 프랑스인의 이름이 아니라 "배불리 드십시오"라는 뜻이라는 말을 듣게 되었다.

"정말요?"

깜짝 놀란 샤피로는 실수를 바로잡아야겠다는 생각에 조급해졌다. 그래서 그날 저녁에는 상대방이 먼저 말을 꺼내기 전에 먼저 일어서서 정중하게 말했다.

"보나뻬띠!"

그러자 프랑스 남자는 이렇게 화답했다.

"샤피로!"

새로운 친구와 의사소통을 했을 때, 샤피로의 선입관에서 비롯한 편안함은 그의 무지와 비례했다. 처음에 그는 어떤 의심도 품지 않았기에 "보나뻬띠"가 다른 의미일 수 있다는 가능성을 확인해보지 않았다. 그러나 그는 점점 웃음거리가 되었고 "보나뻬띠"의 뜻을 알고 나자 더 이상 자신만의 논리가 외부 세상에서는 통용되지 않는다는 사실을 받아들였다. 현실을 해석하는 것을 하나의 문장이라고 치면, 샤피로는 현실이 다르다는 사실을 알고 해석을 변화시켰으나 여전히 같은 문장을 붙잡고 있었던 것이다. 이와 비슷한 상황이 서로 대화하려고 애쓰는 남편과 아내, 상사와 부하, 친구들, 친척들 사이에서 날마다 벌어지고 있다.

문제나 명제 속에 잠재된 모든 가능성의 방향에 대해 열린 태도를 유지하는 방법을 알라. 미처 알지 못하는 모든 현실을 함께 고려할 수 있는 직역주의자가 되라. 자신의 무지함을 아는 것만으로 상대방의 진의를 파악하지 못할 수도 있지만, 적어도 의사소통에 더 큰 장벽이 세워지는 일만은 막을 수 있을 것이다.

현실을 그릇되게 해석하고 있는 자신을 발견하고 그 실수에 대처하라. 뒤에서 다시 다루겠지만, 실수는 새로운 현실을 이끌어내는 중요한 요소다.

무지를 자각할 때 지혜가 생긴다

무지를 자각하는 일은 모든 탐구의 토대다. 인간의 본성이 만들어낸 조건화와 불안 탓에 우리는 생각의 힘을 극대화하지 못한다. 우리는 자신도 모르는 새 목표에서 쉬이 눈을 돌려버리는데, 이는 우리 자신에게 해가 된다. 이것이 바로 무지를 꼼꼼하게 살펴보는 작업이 효율성을 높이는 전략이 될 수 있는 이유다.

1944년도에 노벨물리학상을 받은 이시도르 라비Isidor Rabi는 인터뷰에서 자신의 모든 성공을 어머니 덕으로 돌렸다.

"학교가 끝나서 집에 가면 다른 어머니들은 한결같이 오늘 학교에서 무얼 배웠느냐고 물었습니다. 하지만 제

어머니는 그 대신에 오늘은 학교에서 무얼 질문했는지 궁금해하셨어요."

이처럼 성공하는 학생과 실패하는 학생의 주된 차이는 문제 그 자체에 대한 집중력보다는 전체적인 전후 상황을 고려해서 그 문제를 이해하려는 노력의 여하에서 온다. 문제에만 집중하는 학생은 단 하나의 조건만 바뀌어도 그 문제를 풀 수 없게 되어버린다.

한 랍비가 제자에게 물었다.

"빠른 말과 느린 말, 둘 중에 무엇이 더 나은가?"

제자는 어떻게 대답했을까?

"그 대답은 지금 올바른 방향을 가고 있는가, 엉뚱한 곳으로 가고 있는가에 달렸습니다."

처음에는 당연히 빠른 말이 더 낫다고 생각하게 된다. '말'이라는 것은 어딘가로 데려다주는 탈것, 즉 속도와 효율성의 개념을 연상시키기 때문이다. 이 랍비는 일부러 조건화된 반응을 유도함으로써 모든 질문에는 반드시 무지의 함정이 포함되어 있으며 그 무지 덕분에 비로소 대답이 가능해진다는 사실을 일깨우려 했다.

그림자(알려지지 않은 것)는 윤곽(알려진 것)을 더욱 뚜렷하게 드러내준다. 잘못된 길에 들어섰다면 느린 말이 더 낫다. 실수를 발견하고 나서 되돌아가야 할 거리가 더 짧을 것이기 때문이다. 하나의 문제는 하나의 답을 내놓도록 우리를 유혹한다. 그러나 이제부터 우리는 알려지지 않은 모든 가능성을 밝혀내고자 치열하게 노력할 것이다.

처음에는 미지의 것들이 지식의 명백한 훼방꾼이라고 생각되겠지만, 오히려 이들은 더욱 효율적인 대답이 가능하도록 돕는 역할을 담당한다. 올바른 방향을 모를 때 빠른 말이 더욱 위험하다는 사실을 깨닫고 나면, 그다음부터는 최대한 빨리 올바른 방향을 찾는 일에만 마음을 집중할 수 있다.

하시디즘(18세기 유대교 내의 종교혁신 운동)을 창시한 바알 셈 토브Baal Shem Tov는 이런 개념을 종합한 이야기를 남겼다.

> 한 독실한 신자가 바알 셈 토브를 찾아와 불평을 늘어놓았다.
> "저는 온 힘을 다해 정성껏 주님께 헌신해왔어요. 그런데 조금도 바뀌거나 나아진 것 같지 않아요. 저는 여전히 평범하고 무식한 사람일 뿐이에요."

그러자 바알 셈 토브는 이렇게 말했다.

"이제 당신은 자신이 평범하고 무식한 사람이라는 사실을 깨닫게 되었잖소. 그것이야말로 커다란 성취라오."

제1영역의 이런 측면은 뒤에서 다루게 될 제4영역(숨겨진 세계의 숨겨진 영역)에 대한 우리의 이해를 크게 넓혀줄 수 있다. 특히, 무지를 접점으로 하여 제1영역(정보)이 제4영역(무한한 가능성)과 소통할 수 있다는 사실에는 의심의 여지가 없다. 명백한 정보로부터 뭔가를 배우고자 하는 사람은 그것이 명백하지 않은 정보를 전달할 수도 있다는 사실을 명심해야 한다. 불행하게도 우리는 명백한 정보의 논리적인 호소에 사로잡혀 그것의 찬란한 환영을 그대로 받아들이곤 한다.

우리는 안정감과 통제감을 느끼게 해주는 명료함을 사랑한다. 그러나 진정한 지혜는 두려움을 무릅쓰고 자신의 무지를 자각하는 가운데 있다.

환하게 밝혀주는 빛만큼 어둠을 자각하게 해주는 것은 없다. 이 진리를 가슴에 새기라.

제1영역이 실제적인 어떤 역할을 제공하더라도, 그것에만 의지해서는 생존 경쟁의 현장에서 살아남을 수 없다. 정보의 차원에서는 경쟁이 매우 치열하다. 제1영역 안에 있는 사람들은 같은 생각을 하고, 같은 장소를 돌아다니고, 같은 노력을 한다. 그러므로 진지하게 어떤 문제를 해결해가는 과정을 온전히 밟으려면, 드러난 영역과 숨겨진 영역이라는 서로 다른 두 가지 현실을 탐험해야만 한다.

유대 신비주의 전통에서 내려오는 아래의 이야기는 제1영역과 다른 영역들 간의 관계, 즉 드러난 세계와 숨겨진 세계 사이의 특별한 관계를 밝혀준다. 이것은 과수원(Pardes)에 들어간 네 현자에 대한 이야기다.

본래 정원을 뜻하는 단어 파르데스Pardes는 실제로 파라다이스Paradise(천국)의 어원이며, 유대 전통에서 문제를 바라보는 네 가지 관점을 나타내는 약자의 조합으로 이루어진 단어다. P는 페샤peshat의 첫 글자로서 문제 그 자체를 뜻한다. R은 레메즈remez의 첫 글자로서 암시적이고 환유換喩적인 설명을 뜻한다. D는 데라쉬derash의 첫 글자로서 상징적이고 은유적인 설명을 뜻한다. 마지막으로 S는 비밀을 뜻하는 소드sod의 첫 글자로서 신화적이고 신비적인 설명을 뜻한다.

전하는 바에 따르면, 과수원에 들어간 네 성자 중에 한 사람은 죽고, 한 사람은 미치고, 한 사람은 이교도가 되었으며, 마지막 한 사람만이 무사히 과실을 얻어 빠져나왔다고 한다.

우리는 여기서 '과수원'을 '사고 활동'의 상징으로 바라봄으로써 흥미로운 분석을 이끌어낼 수 있다.

첫째로, 무사히 빠져나온 현자는 드러난 세계의 숨겨진 영역(제2영역), 숨겨진 세계의 드러난 영역(제3영역), 숨겨진 세계의 숨겨진 영역(제4영역) 모두를 여행할 수 있는 사람으로서 아무런 제한 없이 드러난 세계의 드러난 영역(제1영역)에서 활동할 수 있는 이를 나타낸다. 이런 사람은 이 울창한 과수원에서 온갖 과실을 거두어 그것이 적절히 사용될 수 있는 영역으로 가져간다. 이때는 불안정하고 유동적인 다른 영역들의 한가운데 있더라도 단단한 토대(제1영역) 위에 서서 활동할 수 있다.

둘째로, 죽음을 맞이한 현자의 여행은 탐구의 대상, 본래의 질문, 그리고 그에 대한 해답 사이의 완벽한 단절을 나타낸다. 주어진 문제에 내재한 논리와 기존 지식에 의한 축적물 사이에서 되돌릴 수 없는 불화가 일어나고 제1영역은 완전히 붕괴한다. 구체적이고 논리적인 어떤 방식으로도 해답과 교류할 수 없으며 상황을 처음으로 되돌리는 일도 불가능하다. 즉, 이 여행에서는 아무것도 얻을 수 없다. 이때 과수원은 지식을 확장시키는 역할을 하지 못한다. 지식의 잠재적인 증가 상태, 즉 구체적인 정보를 얻거나 본인의 무지를 자각함으로써 과수원에서 되돌아온 상황과는 정반대라고 할 수 있다. 이를 정신병리와 연관시켜보면, 죽음으로 끝난 여행은 지나치게 많은 신비(sod) — 숨겨진 세계의 숨겨진 영역(제4영역) — 에 둘러싸임으로써, 해답을 구하려는 시도들이 모두 실패하는 상황을 뜻한다. 즉, 어둠(제4영역)이 명백하게 드러난 부분(제1영역)마저 가려버린 것이다.

셋째로, 현자를 미치게 한 여행은 데라쉬derash, 즉 상징과 비유에 과도하게 집착하는 성향을 의미한다. 본래의 질문을 간직한 채로 낙원에 도달해서 해답을 얻었더라도, 그 답이 현실에서 적용되지 않는다면 그것은 도저히 극복할 수 없는 장애물을 간직한 채 드러난 세계의 숨겨진 영역(제2영역)에 그대로 쌓일 뿐이다.

마지막으로, 여행에서 이교도가 되어버린 사람은 암시와 환유에 도취해버린 희생자를 의미한다. 그는 숨겨진 세계의 드러난 영역(제3영역)의 치명적인 유혹 속에 자신을 방치했다. 뒤에서 살펴보겠지만, 이 영역은 질문과 답변 사이에 엇갈린 다리를 놓아버린다. 제3영역에는 마치 제1영역처럼 보이는 부분이 있으며, 심지어 이 부분은 짐짓 제1영역의 정답인 체하기도 한다. 사고 활동(과수원 여행)에서 생겨난 암시는 본래의 질문을 대체한다. 그것 또한 하나의 답일 수 있지만, 그렇더라도 다른 질문에 대한 답일 뿐이다. 그러므로 죽거나 미친 사람과는 달리 이교도가 된 사람은 답을 얻어 돌아오긴 하지만 그것은 현실에 기반을 두지 못한, 다른 질문에 해당하는 답이다. 만약 질문과 답을 잘못 짝짓고는 그것이 옳다고 믿어버린다면, 우리의 통합적인 사고체계는 큰 혼란에 빠지게 된다. 이교도는 먹을 수 있는 과실을 모았지만 그것들은 이미 썩어가고 있다. 그 과실을 구체적인 모양새로 변화시키는 일에 실패했음에도 이교도는 그 변형된 형상을 그대로 들고 과수원에서 빠져나온다.

이렇듯 제1영역에서 우리의 효율적인 사고를 훼방하는 병리들은 결코 적용될 수 없는 이론을 강요하거나(죽게 하거나), 객관성에서 벗어난 상태를 유지하거나(미치게 하거나), 오해를 일으킨다(잘못된 견해로 이끈다).

과수원 안에서 상호 교류하는 영역들은 모두 위험성을 안고 있다. 그중 어떤 영역도 다른 영역보다 우선할 수 없고 혼자의 힘만으로는 어떤 과실도 수확할 수 없기 때문이다. 특히, 안전한 듯 보이는 제1영역도 다른 영역들과 비슷한 위험을 제공한다는 사실은 더욱 강조되어야 한다. 당신이 명백함(제1영역)이라는 감옥에 갇혀 있다면, 다른 병리들(죽음, 광기, 이론異論)을 겪게 될까 두려워 모든 가능성을 미리 차단해버릴 것이다. 그러나 현실을 충만하게 이해하지 못하는 사람이 비추는 불빛은 주변을 밝히는 대신 오히려 더 어둡게 한다.

생각의 과수원을 방문했을 때, 즉 해답을 찾는 진지한

여행을 하고 있을 때는, 우리가 지금 상호작용하는 과정 속에 있다는 사실을 숙지하는 것이 중요하다. 그 답은 과수원에서도, 숨겨지거나 드러난 영역들에서도 찾아질 수 없으며, 단지 서로를 연결하는 여행길(과정)에서만 발견될 수 있다. 모든 차원을 자유롭게 드나드는 것이야말로 과수원으로의 성공적인 여행이며 과실을 얻는 단 하나의 방법이다. 그러면 가장 적절한 순간에, 가장 알맞은 해답이 주어질 것이다.

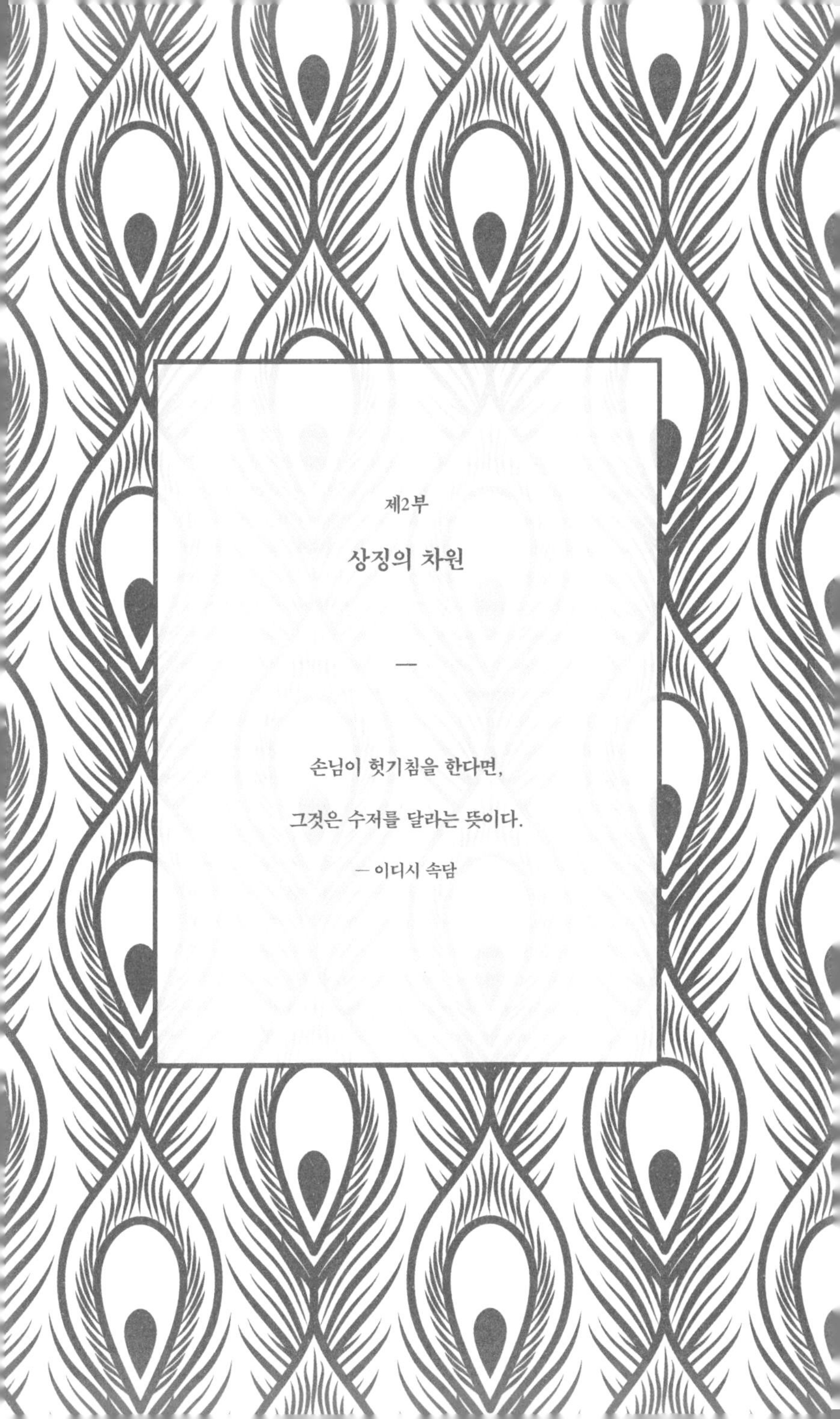

제2부

상징의 차원

—

손님이 헛기침을 한다면,

그것은 수저를 달라는 뜻이다.

— 이디시 속담

드러난 세계의 숨겨진 영역

드러난 세계의 숨겨진 영역(제2영역)은 눈앞에 드러나 있지만 '의식(consciousness)'되지 못하고 있는 부분을 가리킨다. '숨겨졌다'는 말은 다른 무언가로 가려져 있다는 뜻이다. 그러므로 이 영역은 얼마든지 명백하게 밝혀질 수 있다. 단지 잠시 발견되지 못하고 있을 뿐이다. 우리는 빤히 드러나 있었지만 미처 보지 못했던 뭔가를 찾아내고는 깜짝 놀라 이렇게 말하곤 한다.

"왜 내가 여태 저걸 못 봤을까?"

수수께끼나 우화들은 바로 이처럼 일시적으로 숨겨진 명백한 정보, 개념, 상황 등을 밝혀내는 역할을 한다.

제2영역은 드러난 정보들을 좀더 명확하게 만들어준

다. 다른 말로 하면, 제1영역은 제2영역의 도움으로 더욱 명백해진다.

전통적으로 유대 사상은 두 가지 측면에 의해 관념이 구성된다고 보고 있다. 하나는 기표記表이고 다른 하나는 기의記意다(기표와 기의는 기호학의 용어다). 예를 들어 물이 얼어 얼음이 되었을 때, 그를 통해 우리는 물의 숨겨진 속성을 발견할 수 있다. 이때는 얼음이 기의가 되고 물은 기표가 된다. 얼음의 성질은 얼음 그 자체라기보다는 '물'이라는 형상에 담긴 일종의 정보이기 때문이다.

정신분석적으로 말하면, 이것은 유사성을 찾아내는 작업(자유연상법)과 같다. 무언가를 설명할 때 '이것은 저것과 비슷하다 또는 다르다'는 식의 비교보다 더 효과적인 방법은 없다. 특히 차이점을 나열하는 방법은 의미를 더욱 두드러지게 할 수 있다. 일반적으로 우리는 유사성보다는 차이점을 더 쉽게 발견한다. 긴/짧은, 두꺼운/얇은, 좋은/나쁜, 마른/젖은, 큰/작은…. 이런 명백한 차이점들이 제1영역의 주된 구성요소이기 때문이다.

이렇듯 무언가를 서로 비교할 때는 반드시 기표와 기의 간에 상호작용이 존재하게 된다. '길다'는 '짧다'에 의해, '두껍다'는 '얇다'에 의해 명확하게 이해될 수 있으며 당연히 그 역도 성립한다.

비슷한 특성을 품은 '유사성'과, 반대되는 특성을 지닌 '차이점'은 엄연히 다르다. 그러나 다르다고 해서 항상 완전히 대립한다고 볼 수는 없고 '비슷하면서 조금 다른' 경우도 존재한다. 이것이 바로 제2영역의 중요한 일부분이다. 이처럼 '비슷하면서 조금 다른' 형상들은 상징과 비유를 통해 해석될 가능성이 있다.

만물은 서로 조금씩 다르며 어떤 경우에도 두 개의 형상이 완전히 같을 수 없다는 사실은 분명한 자연의 법칙이다. 그러므로 우리는 완전한 다름, 또는 완전한 같음의 차원이 아니라 '미묘한 차이'라는 전제하에서 유사점을 발견해가게 된다.

제2영역 안에서, 기표는 기의를 규정짓진 못하지만 더 잘 이해하도록 돕는 역할을 한다. 따라서 사물들 간에 유사점을 발견해내는 과정은 사고방식을 확장하는 결과를 낳는다. 아래의 이야기를 통해 기표와 기의의 관계를 좀더 살펴보자.

집세란? 가난한 죄로 내는 벌금.

돈이란? 걸리기만 좋아하고 옮기기는 싫어하는 질병.

염세주의란? 제 손을 태우는 성냥.

낙천주의란? 길을 밝히는 촛불.

여자란? 번쩍이는 번개. 아름답고 황홀하다. 당신의 머리에 꽂히기 전까지만.

사랑은? 버터. 빵이 없으면 아무 소용이 없다.*

집세와 벌금, 돈과 질병, 염세주의와 성냥, 낙천주의와 촛불, 여자와 번개, 사랑과 버터…. 이렇듯 기의와 기표가 연결되면 우리는 훨씬 다양한 방식으로 사고하게 되므로 그 뜻이 더욱 분명해진다. 그러므로 유사점을 찾는 일은 지식을 얻는 하나의 방법이라 할 수 있다. 집세는 벌금이 아니지만, 집세를 벌금과 비슷하다고 생각하는 중에 우리는 집세의 특성을 더욱 잘 파악하게 된다.

우리는 기의에서 기표를 뽑아내는 동안 항상 무언가를 배우게 된다. 유사성을 찾아내는 일은 탐구와 인지 과정에서 필수적인 수단이다. 내 아이는 두 살이었을 때 툭하면 이렇게 말하곤 했다.

"이건 저거랑 같은데, 그거랑은 달라."

이런 비교를 통해 아이는 제2영역에서 만난 형상들을

---

* Nathan Ausubel의 《A Treasury of Jewish Humor》(1988).

뚜렷이 이해하게 된다. 두 사물이 서로 다르다는 전제하에서, 그 둘을 비교하는 일은 바로 세상을 배워가는 과정이라 할 수 있다. 바꿔 말하면, 유사한 관계를 통해 만물은 그 자신을 설명해낼 수 있다.

다음은 사라고사Saragossa(현재 스페인에 속하는 지명)의 한 랍비가 제자와 나눈 대화다.

"우리는 이 세상에 존재하는 모든 것으로부터 배울 수 있다네."

제자가 물었다.

"그럼 기차로부터는 무얼 배울 수 있나요?"

"단 1초 때문에 모든 걸 잃을 수 있다는 사실을 배우지."

"그럼 전신기로부터는요?"

"모든 말이 기록되고, 우리는 그 값을 치러야 한다는 사실을 배우지."

"전화는요?"

"우리가 여기서 말하는 것을 누군가는 저기서 듣는다는 사실을 배운다네."

얼마든지 다른 예를 더 들 수 있다. 자전거를 인생에 비유하면, 우리는 페달을 돌리는 일을 멈출 수 없다. 라디오를 인생에 비유하면, 하나의 채널에 주파수를 맞추면 다른 방송은 들을 수 없다. 팩스를 인생에 비유하면, 반대편이 준비되기 전까지는 아무것도 전달할 수 없다. 마지막으로 전자레인지를 인생에 비유하면, 영성(spirituality)을 유지하는 데는 적당한 온도가 필요하다. 급하게 온도를 높여버리면, 겉은 타고 안은 차가운 상태가 되어버릴 것이다.

분명한 것이 감추어져 있을 때, 그 찾아낸 답을 표현하려면 드러나 있는 다른 어떤 것에 빗대어 말할 수밖에 없다. 제1영역(드러난 세계의 드러난 영역)에서 중요한 것은 '~이다'이지만, 제2영역(드러난 세계의 숨겨진 영역)에서 중요한 것은 '~와 비슷하다'이다. 어떤 것을 다른 것에 빗대어 이야기하면 객관적인 대답의 고정된 결론보다도 더 많은 것을 설명할 수 있다. 또한 이 감추어진 세계는 역동적이다. '~와 비슷한' 것들의 목록에는 제한이 없으므로 무한히 다른 뉘앙스의 답들이 계속 나타날 수 있기 때문이다. 이곳은 실제보다 개념이 더 진가를 발휘하는 영역이다.

상황을 재구성하라

재구성은 질문을 던지는 또 다른 방법이다.

"이건 무엇과 비슷하지?"

여기서 중요한 것은 배경과 문제를 분리해야 한다는 점이다. 왜곡이나 비꼼 없이 정말로 비슷한 무언가를 찾아내는 일은 그 자체로 새로운 각도에서 문제를 해석하거나 상황을 이해하는 방법이 된다.

예를 들어, 유대 전통에서는 손해를 보았을 때 이런 재구성의 방법으로 마음을 가라앉히고 그 상황에서 배울 점을 찾아낸다. 물잔이나 접시가 깨지는 것처럼 크게 중요하진 않지만 그래도 기분 나쁜 일이 생겼을 때 유대인 주부는, "마젤 토브Mazel tov(이거 참, 운이 좋은걸)!" 하고 반응

한다. '쓸모없는 것이 깨져서 다행스러워. 이걸로 액땜했으니, 앞으로 주의하면 중요한 물건이 부서지는 일은 없을 거야'라는 식으로 상황이 재구성된 것이다. 이렇게 달리 보게 되면 돈을 잃어버리거나, 자동차 타이어가 보도블록에 긁히는 등 흔히 마주할 수 있는 불행의 신호들은 오히려 행운의 신호로 바뀌어버린다.

"수염이 주인을 잃어버리는 것보다는(죽임을 당하는 것보다는), 주인이 수염을 잃는(굴욕을 참는) 편이 훨씬 낫지."

이런 재구성의 방법은 수 세기 동안 고난을 거치면서 터득한 교훈으로, 유대인에게는 거의 생존이 달린 문제였다.

제2영역을 드러낸다는 측면에서 재구성은 문제해결에 꼭 필요한 과정이다. 유대인들에게 전해지는 다음의 일화를 함께 살펴보자.

한 젊은이가 아버지의 가게에서 일을 돕다가 종업원이 물건을 훔치는 것을 발견했다. 그는 아버지에게 본 대로 말했다.

"저 사람을 어떻게 할까요?"

그러자 아버지는 별로 고민하지도 않고 대답했다.

"월급을 올려주자."

아들은 깜짝 놀라 되물었다.

"월급을요?"

"그래, 그 사람이 도둑질을 한 것은 돈이 부족했기 때문이 아니겠니?"

아들은 '보상'이 아니라 '처벌'을 주어지기를 기대했다. 그러나 그의 아버지는 상황을 매우 섬세한 관점에서 이해하고 있었다(물론 모든 도둑의 월급을 올려줘야 한다는 뜻은 아니다). 사건을 재구성함으로써 종업원은 일자리를 유지할 수 있었을 뿐만 아니라 부족했던 월급도 올랐다. 반면, 아들은 구체적인 처벌을 기대하는 단순한 논리에 빠져 있었다. 이런 재구성이 없었다면 우리는 '처벌'이라고 하는 단일한 선택밖에 할 수 없었을 것이다. 거기에는 단지 어떤 처벌을 내릴 것인가 하는 차이만 있을 뿐이다.

상황의 단일한 맥락에다 자신을 묶어두지만 않는다면, 자신이 쌓아놓은 지식이 천성적으로 지니고 있는 무지와 불확실성을 자각하게 되고 일종의 통찰력을 얻게 된다.

"진실을 말하면 거꾸로 매달아 죽일 것이고, 거짓말

을 하면 참수형에 처할 테다."

악독한 폭군이 협박하자 죄수는 이렇게 답했다.

"저는 아마도 참수형을 당해 죽을 것입니다."

그는 폭군의 허를 찌름으로써 살아날 수 있었다. 참수형에 처한다면, 죄수는 진실을 말한 셈이 되므로 거꾸로 매달려 죽어야 한다. 매달아 죽인다면, 죄수는 거짓을 말한 셈이 되므로 참수형에 처해져야만 한다.

드러난 것이 오류로 이끌었다. 우리는 드러난 것을 달리 다룰 방법을 찾아냄으로써 드러난 영역의 감추어진 요소가 드러나게 해야 한다.

당신이 제2영역을 지배하려면, 당신의 마음은 문제 그 자체의 범위를 벗어나지 않으면서도 편협하지 않은 유연한 상태를 유지해야 한다. 또한 거리를 두고 그 문제를 대함으로써, 단순한 논리에 지배당해 올바른 인식을 하지 못하는 일이 벌어지지 않도록 주의해야 한다.

베르디체프Berdichev(현재 우크라이나의 지명)의 한 랍비가 주위를 살피지 않고 그저 미친 듯이 뛰어다니는 남자에게 물었다.

"왜 그렇게 정신없이 뛰어다니시오?"

"랍비여, 눈앞의 빵을 붙잡으려면(먹고살려면) 어쩔 수 없습니다."

"하지만 빵이 당신의 앞에 있는지를 어떻게 확신하시오? 그것은 당신의 뒤에 있을 수도 있잖소. 그렇다면 쉴 새 없이 뛰어다니는 대신 그 자리에 멈춰 서서 주위를 둘러보는 일이 더 중요하지 않겠소?"

그 랍비는 빵을 쫓아다닌다는 남자의 표현을 있는 그대로 끄집어내어 비틀었다. 우리는 그 남자가 처한 상황을 적절하게 재구성했다는 점에서 그 랍비가 제2영역에 정통한 사람임을 알 수 있다. 랍비는 좌우를 살피지 않는 남자의 행동에서 그가 '현재'에 살고 있지 못함을 밝혀냈다. '현재'야말로 기회를 얻을 수 있는 유일한 곳이다. 무엇을 위한 기회인가? 일용할 양식(빵)!

랍비의 이야기와 상점 주인의 이야기는 제2영역이 현실에서 구체적으로 어떤 결과를 일으킬 수 있는가에 대한 하나의 예다. 또한 제2영역은 제1영역에서 벌어지는 문제를 해결하는 데 이바지할 수도 있다. 제2영역은 우리가 질문을 던지는 지점에서 빛을 밝혀준다.

제1영역을 제외한 다른 영역들은 신중하고 치열하게 탐구되어야만 한다. 물론 이런 영역들을 통해 문제를 완벽하게 이해한다고 해서 그것이 절로 해결되지는 않는다. 하지만 적어도 그 명확함은 제1영역 안에서 문제와 해결책이 연결되는 과정을 촉진할 수 있다. 아래의 일화를 살펴보자.

> 랍비 예치엘 미칼Yechiel Mikhal은 찢어지게 가난했지만 언제나 미소를 잃지 않았다. 어느 날 누군가가 물었다.
> "랍비여, 당신은 필요한 것이 하나도 충족되지 않는 상황에서도 '나의 곤란함을 굽어살피는 축복받은 분이시여' 하는 기도문을 읊을 수 있겠습니까?"
> 랍비는 이렇게 대답했다.
> "내가 진정 필요로 했던 것은 바로 가난이며, 그것에 대한 나의 기도는 충족되지 않은 적이 없었다네."

가난을 인간에게 필요한 무엇으로 변형시킴으로써, 이 랍비의 상황은 재구성되었다. 가난이 긍정적으로 해석될 여지가 생겨났다.

물론 지식과 마찬가지로, 만족감이 절대적인 기준이

될 수는 없다. 랍비처럼 자신의 가난함을 자각하고 그것에 적절한 의미를 부여하여 마음의 평화를 찾는 것만으로 만족할 수도 있겠지만, 그것은 철학에 불과하며 우리는 좀더 구체적인 방법론에 관심이 있다.

여기서 랍비 예치엘의 이야기를 소개한 이유는, 틀에 박힌 논리에 빠지지 않는 현자의 신중함이 잘 드러나 있기 때문이다. 이 이야기는 세상에서 가장 구체적인 요소인 듯 보이는 욕구(의식주)조차도 사실은 인간의 마음이 만들어낸 개념에 불과할 수 있음을 알려주고 있다.

재구성은 고정관념을 파괴함으로써 현실에 다가가는 방법이다. 일반적으로 재구성은 만장일치나 상식에 저항한다. 월터 리프먼Walter Lippman(20세기 초 미국의 저명한 저널리스트)은 입버릇처럼 말했다.

“모두가 같은 생각을 한다면, 아무도 생각하지 않는 것이다.”

재구성은 과수원에서 일어나는 모든 징후의 너머에 있다. 이처럼 ‘진실들’조차 사기일 수 있으며, 사고 과정 역시 틀렸거나 거짓일 수 있고, 사고 활동은 지적인 차원뿐만 아니라 감정적이고 정서적 차원에서의 변화도 수반한다.

할 수 없는가? 아니면 원하지 않는가?

재구성의 다양한 방법 중에서 일부는 선택적인 (paradigmatic)* 관점을 취한다. 즉 논리 전개의 중심은 재구성이며, 이해력의 부족은 이해하려는 욕망이 모자라기 때문이다. 유대의 스승들은 끊임없이 이런 개념을 강조해왔다. 제자들이 명확한 추론 과정을 따라오지 못할 때 그들은 이렇게 물었을 것이다.

"이해하지 못하는 것이냐, 아니면 이해하기가 싫은 것이냐?"

---

* 예를 들어, a cup of milk라는 구절에서 cup이 위치함으로써 gallon이나 bottle 등의 단어는 사용할 수 없게 되었다. 이처럼 같은 자리에 위치할 수 있는 cup, gallon, bottle 등의 단어들은 선택적 관계(paradigmatic relation, 또는 계열관계)에 있다고 말해진다. 이와 다르게 a, cup, of, milk는 문장의 횡적 요소들로서 통합적 관계(syntagmatic relation)에 있다고 말해진다. 역주.

의심할 여지 없이 '의지의 결여'는 제2영역(감정적인 영역)의 주요한 장애 요소다. 우리는 모두 각자 행동과 사고방식에서 독특한 취향이 있으며, 삶이라는 벗어날 수 없는 문제를 이해하는 데 요긴한 접근법들을 요리조리 회피하는 방법을 갖고 있다.

우리가 "난 못 해" 하고 말할 때, 그것은 지적인 무능력의 호소가 아니라 감정적인 표현이다. 즉, "난 못 해"는 "난 하기 싫어"와 같은 뜻이다.

냉전 시대에 러시아계 유대인들은 이렇게 말하곤 했다.

"만약 러시아인에게 어느 정당 소속이냐고 다그쳐 물으면, 아마도 '물론 소속된 정당이 있지만, 꼭 그 정당을 지지하지는 않아요'라고 대답할 겁니다."

참자아가 에고와 거짓자아의 모든 악영향을 극복할 때라야 비로소 제2영역 차원에서의 새로운 발견이 가능해진다. 특히 상황이 재구성될 때 일어나곤 하는 카타르시스(감정의 정화)는 에고와 성공적인 협상을 벌여 우리 안의 현명한 참자아의 뜻에 따르게 한다.

우리는 모두 사소한 위로나 흥밋거리의 횡포에 대항하는 내적인 힘을 강화하고 양육하는 방법을 배워야 한다. 태평하게 말장난이나 하는 사람들은 제2영역을 향해 창문을 여는 방법들을 좋아하거나 믿지 않는다.

제2영역과 작업하는 동안, 우리는 무지를 정교하게 그려낼 수 있다. 제1영역 안에서는 무지가 주어진 논리 체계로 설명되지 않는 무엇이지만, 감정적인 차원(제2영역)에서 무지는 기존의 감정적인 균형을 유지하고자 고안된 어떤 방어기제다. 따라서 현실을 저 편한 대로 이해하려고 하는 이 정략적인 작용을 간파하는 것이 지혜를 얻는 길이다. 뒤에서 '투명성(transparency)'을 살펴볼 때 알게 되겠지만, 이 지혜는 우리의 내면뿐 아니라 다른 사람들의 내면까지도 뚫어볼 수 있게 한다. 말과 행동뿐만 아니라, 말해지지 않은 것과 행해지지 않은 모든 요소를 통해서 말이다.

우리는 스스로 현자보다는 재판관이 되기를 원한다. 사실을 판단하는 일이 단순하지는 않지만, 어쨌든 제시된 증거와 의견의 진실성을 따져보는 작업에 대부분의 노력을 투입한다. 그러나 '판단'이란, 합의되고 동의한 바에 비추어봤을 때 논의되는 사실에 모순이 없는가를 따져보는 긴 과정 중에서 그저 하나의 단계에 불과하다.

재구성은 두 목격자의 얼굴을 맞대게 하여, 진실을 왜곡하고 있는 그들 각자의 처지와 거리를 두고 새로운 관

(제3영역)이거나 숨겨진 세계의 숨겨진 영역(제4영역)이다.

성공적으로 줄을 건넌다는 큰 목표에 집중하며 부수적인 것들, 예를 들어 바로 다음 발걸음과 연결되어 있는 요소들에 집착하지 않는다면, 당신은 생각의 줄타기에서 균형을 잃거나 떨어지지 않을 것이다.

속임수는 통하지 않는다

말 속에서 말해지지 않은 것을 발견할 수 있다면, "난 못 해"라는 말이 '난 하기 싫어'라는 뜻이 아닐까 의심할 수 있다면, 상황을 보는 관점을 바꿀 수 있다면, 당신은 현실을 겹겹이 둘러싼 다양한 층을 꿰뚫어 볼 수 있다. 본모습을 감추는 가면 안쪽의 실체를 보는 능력을 얻어, 많은 미혹 속에서도 놀라울 정도로 투명한 시야를 갖게 될 것이다.

얼굴을 한 번 보는 것만으로 그 사람의 영혼 안에서 벌어지는 일을 파악하는 힘을 가진 랍비가 있었다. 그가 어느 도시를 방문하자, 사람들은 그의 신비한 힘을 두

려워하며 모두 모자를 써서 얼굴을 가리고 다녔다. 그러자 도시의 중심부에 도착한 랍비는 이렇게 말했다.

"어리석은 사람들 같으니! 내게 정말로 당신들의 머릿속을 들여다볼 능력이 있다면, 그깟 모자 따위로 무얼 감출 수 있겠소?"

진실로, 우리는 우리가 얼마나 투명한지를 모르고 있다. 우리는 행동과 반응을 통해 감정을 속이고 치장할 수 있다고 생각하며, 우리의 행동에서 비롯된 광대한 신호들이 언제나 완전히 드러난 형태로 해석되고 있다는 사실을 알지 못한다. 우리는 속마음과 반대되는 입장을 표명하기 위한 합리화와 변명, 정신적인 왜곡을 자주 지어낸다. 그러나 현실을 감추려 애를 쓸수록, 현실은 더욱 뚜렷하고 분명하게 드러난다. 거짓된 신호를 내보내려 애를 쓸수록, 관찰자는 우리가 표면에 내세우는 진실성이 거짓임을 드러내는 더 많은 정보를 얻게 된다. 이처럼 우리는 왜곡되었으면서도 여전히 유효한 정보, 즉 드러난 세계의 감춰진 '형상'들을 통해서 현실을 이해하는 데 도움을 얻을 수 있다.

누군가를 투명하게 만드는 일은 그와 개인적으로 가

까워지는 방법이 될 수 있다. 본심을 속이는 사람을 비웃지 않고 그와의 관계를 더욱 돈독하게 만들어간다면, 오히려 상대방은 이런 '가면 벗기'에 지적 매력을 느끼게 될 것이다. 아래의 이야기는 이런 과정을 잘 드러내고 있다.

즐롯초프Zlotchov(현재 우크라이나에 속하는 지명)의 랍비 미칼Mikhal은 젊었을 때 바알 셈 토브를 찾아갔다. 그는 이 위대한 신비가를 과연 자신의 스승으로 모셔도 될지를 떠보려는 속셈이었다.

바알 셈 토브는 어느 날 미칼을 데리고 여행을 떠났다. 그런데 마차를 타고 한참을 가다 보니, 잘못된 길로 가고 있다는 사실을 깨닫게 되었다. 미칼이 물었다.

"무슨 일이죠, 스승님? 혹시 길을 모르시는 거 아니에요?"

그러자 스승은 이렇게 말할 뿐이었다.

"때가 되면 알게 되겠지."

그리고 그들은 다른 길로 접어들었으나, 그마저도 잘못된 길이었다. 미칼은 다시 물었다.

"오, 스승님. 또 길을 잘못 드신 거예요?"

스승은 아주 평온한 모습으로 대답했다.

"성경에는 '신은 그를 정성껏 모시는 사람들의 소원을 들어주신다'고 쓰여 있지. 신은 지금 나를 비웃고 싶은 어떤 이의 소원을 실현하고 계신 거라네."

이 말은 미칼의 마음에 와닿았고, 미칼은 더 이상 의문을 품지 않고 바알 셈 토브를 진정한 스승으로 마음 깊이 받아들였다.

랍비들은 자신의 진실하지 못한 측면과 맞닥뜨릴 기회를 결코 놓치는 법이 없었다. 그들은 불성실(진실하지 못함)이 가르침의 훌륭한 도구임을 알고 있었다. 그들은 가면을 벗는 행위가 명백한 것의 감추어진 측면을 드러내줄 때, 그것이 사고 과정을 촉진시켜준다는 사실을 알고 있었다. 누군가의 위선이 드러날 때 불성실한 사람들은 조용해진다. 왜냐하면 '알려고 하지 않는' 심리에 밀착된 복잡한 사고구조가 폭로되고 있기 때문이다.

랍비들은 상황에 개입해서 판단을 내려야 할 경우에 지혜를 일깨우기 위해 '투명해지는 기술'을 애용했다. 그들은 어떤 상황의 겉모습 뒤에 감추어져 있는 것이 드러나게 함으로써 사람들에게 성장을 위한 새로운 길을 열어줄 줄 알았다. 다음의 두 가지 사례는 투명한 시야가 구체적인 문제해결에 얼마나 도움이 될 수 있는지를 알려줄 것이다.

굉장한 말썽꾸러기였던 한 남자가 자신의 죄를 고백하고 사함을 받기 위해 롭시츠Ropshitz(현재 폴란드에 속하는 지명)의 랍비를 찾아갔다. 그는 자신의 모든 악행과 불운했던 과거를 랍비에게 털어놓는 데 큰 부담을 느꼈지만, 한편으로는 자신이 용서를 빌고 싶은 그 많은 사람들의 이름을 하나하나 적어놓았을 만큼 간절했다.

결국 그 남자는 그 많은 악행을 저지른 사람은 자신의 친구이며, 그 친구가 스스로 죄를 고백하는 일을 부끄러워하기에 자신이 대신해서 랍비를 찾아온 것이라고 말했다. 그리고 랍비의 충고를 들은 후에 그대로 친구에게 전하겠노라고 말했다.

그러자 랍비는 지그시 웃으며, 호기심 어린 눈으로 자신의 충고를 기다리는 그 남자에게 대답했다.

"당신의 친구는 바보군요. 번거롭게 친구를 대신 보내느니, 자신이 직접 찾아와서 고백을 부끄러워하는 친구를 대신해서 온 것처럼 연기를 할 수도 있었잖소."

현실을 재구성한 그 랍비의 재치 덕에, 이야기 속의 남자는 자신을 객관적으로 바라볼 수 있게 되었다. 그는 자신의 눈앞에서 발가벗었으며, 정직을 되찾을 수 있었고, 자신의 변명이 얼마나 궁색했는지를 발견하고 그것이 속죄를 원하는 사람에게 전혀 현명한 태도가 아니었음을 깨닫게 되었다.

한 가난한 농부가 읍내로 가는 길에 지갑을 주웠다. 그 안을 들여다보자, 90달러와 주인의 이름, 주소, 그리고 다음과 같은 메모가 있었다.

"이 지갑을 주웠다면 돌려주시기 바랍니다. 감사의 표시로 10달러를 드리겠습니다."

농부는 당장 그 주소를 찾아가서 주인에게 지갑을 돌려주었다. 그러나 주인은 고맙다고 하기는커녕 이렇게 말했다.

"당신은 이미 받기로 한 10달러를 지갑에서 꺼내 갔군요."

가난한 농부는 절대 그렇지 않다고 맹세했지만, 주인

은 원래 100달러가 들어 있었는데 지금은 90달러밖에 없다고 우겼다. 그들은 근처에 사는 랍비를 찾아갔고, 랍비는 농부와 지갑 주인의 이야기를 귀 기울여 들었다. 지갑 주인이 물었다.

"랍비여, 누구 말을 믿으십니까? 접니까, 아니면 저 무식한 농부입니까?"

"물론, 당신 말을 믿소."

농부에게는 분한 일이었지만, 랍비는 이렇게 대답했다. 하지만 랍비가 그 지갑을 집어서 농부에게 주는 게 아닌가. 이번에는 지갑 주인이 놀랄 차례였다.

"무슨 짓입니까?"

랍비는 자신의 판결을 들려주었다.

"당신은 지갑에 100달러가 들었다고 말했잖소. 그런데 이 사람은 주운 지갑에 원래 90달러밖에 없었다고 하니, 이 지갑은 당신 것이 아니요."

지갑 주인은 화를 내며 소리쳤다.

"그럼 제가 잃어버린 돈은요?"

랍비는 다시 차근히 설명했다.

"누군가 100달러가 든 지갑을 발견할 때까지 기다리시면 됩니다."

이번에도, 랍비는 벌어진 상황을 투명하게 파악할 수 있었다. 이 문제에 해결책을 제시한 것은 바로 그 지갑 주인이다. 그는 이 상황과 관련된 모든 조건을 제시하고 만들어낸 장본인이다. 그래서 결국 그의 뜻대로 되었다. 그의 주장은 현실에 그대로 반영되었고, 그는 그 결과를 받아들여야만 한다. 불합리하고 숨겨진 영역 속에서는, 때로는 바보 같고 왜곡된 관점을 유지함으로써 기대치 않았던 논리와 해결책을 발견할 수 있기도 하다.

각자의 말에 모두 의심의 여지가 없다면, 현실에 대한 어떤 해석이 일을 더 꼬이게 하는지를 관찰해보는 방법이 유용할 수 있다. 하나의 해석은 어디까지나 해석에 불과하기 때문에 특정인에게만 이득을 줄 수 없으며, 또 다른 해석이 등장하면 언제든지 상황은 뒤집힐 수 있다. 위의 이야기에서 랍비의 논리는 허위 진술을 하는 사람에게 반드시 어떤 부작용이 생겨난다는 사실을 반영한다. 그리고 그 결론은 투명도를 높여가는 과정에서 이끌어내진 것이다.

이 두 사례 속에서, 랍비들은 주어진 진술과 씨름하지 않는다. 그들은 투명하게 현실을 이해할 수 있었고, 현실 그 자체를 만족시키는 해결책에 도달하려면 한쪽 측면의 진술만이 아니라 서로 다른 진술들 안에서 어떤 입장을 취해야 하는지를 알았기 때문이다.

모순된 요소를 찾으라

세상에서 가장 무거운 것은?

이디시 속담에 따르면, 답은 "빈 지갑"이다.

모순은 무지의 영역에 빛을 밝혀주기도 한다. 모순들로 인해 우리는 정신적으로 여러 가지 반응을 일으키게 되고 마침내는 어떤 문제에 대한 통찰을 얻게 된다. 모순은 쓸데없이 반복된 표현으로 생길 수도 있고, 애초부터 성립될 수 없는 표현 때문에 생길 수도 있다. 다음의 두 예는 전자의 경우, 즉 쓸데없이 반복된 표현에 관한 것이다.

모리스는 친구와 늘 하던 카드놀이를 즐기던 중에, 말싸움이 붙자 화가 나서 소리쳤다.

"너 같은 놈이랑 카드놀이나 하는 그런 놈하고 앉아서 허구한 날 카드놀이나 하는 네놈은 도대체 어떻게 된 놈이냐?"

그루초 막스Groucho Marx(무성영화 시대의 희극배우)는 자신을 초대한 할리우드의 한 클럽에 다음과 같은 내용의 전보를 보냈다.
"정중하게 초청을 거절합니다. 나 같은 사람을 회원으로 받아들이는 클럽에는 가입하고 싶지 않습니다."

첫 번째 예에서 드러난 반복된 표현은, 그 두 사람 간에 얼마나 많은 불신과 갈등이 보이지 않게 쌓여 있는지를 알려준다. 한 명이 속임수를 쓰자마자, 상대편은 제2영역(숨겨져 있던 불신감)을 드러냈다. 이처럼 쓸데없는 반복 표현의 모순은 그들의 관계를 더 정확하게 파악하도록 돕는다.

두 번째 사례에서, 그루초는 까다롭게 회원을 고르는 속물적인 클럽의 가입 권유를 거절하고 있다. 그의 거절은 제2영역에 속한 것으로서, 클럽 회원들의 마음속에 교묘히 의심을 심어서 퍼져가게 만든다.

"그는 자신이 그럴 만한 자격이 없다며 우리 클럽에 가입하지 않겠대. 그런데 우리는 이미 그에게 가입자격을 주었잖아. 그럼 왜 회원이 될 수 있는데도 가입하지 않는 거지? 우리 정도의 회원들로 구성된 클럽 따위에는 몸담고 싶지 않다는 뜻인가?"

격렬한 논쟁에 휩싸이지 않고도, 그루초는 자신의 뜻을 분명하게 전했다. 그는 분명히 그 클럽을 비웃었음에도 회원들이 불쾌함을 느끼지 못하도록 재치 있게 대답했다. 이처럼 모순적 접근은 풍자와 비판이라는 효율적인 해결책이 된다.

유대 신비주의 전통에서는 또 다른 이야기가 전해온다.

이스라엘의 랍비 메나헴Menachem은 편지를 쓸 때마다 다음과 같은 글을 덧붙였다.

"진실로 겸손한 이가 보냅니다."

그걸 본 누군가가 리진Rizin의 랍비에게 물었다.

"랍비 메나헴이 정말로 겸손하다면, 어찌 자기 입으로 자신을 겸손하다고 말할 수 있겠습니까?"

랍비는 이렇게 대답했다.

"그는 정말로 겸손합니다. 그는 겸손함이 이미 몸에

배어 있어서, 겸손을 더 이상 덕목으로 간주하지 않는답니다."

이는 '겸손'이라는 단어의 본질을 정확하게 설명해주는 모순된 이야기다. 그 랍비는 진실로 겸손했기에 스스로 겸손하다고 말할 수 있었다. 진실로 겸손한 사람에게는 자신이 겸손하다는 사실조차 전혀 자랑거리일 수 없기 때문이다. 그가 자신을 그처럼 직접적으로 표현한 것은 겸손이라는 특별한 덕목에 관한 우리의 이해를 넓혀주기 위해서였다. 이처럼 아주 명확하고도 모순된 표현을 통해, 그는 숨겨진 영역을 흡수할 가능성을 열어주었다. '겸손하다는 칭찬조차 무의미해질 만큼 겸손한 사람'이라는 숨겨진 영역 덕분에 '겸손'의 진정한 의미가 드러난 것이다.

한편, 애초부터 성립될 수 없는 표현으로 상황과 문제에 효율적으로 접근하는 방법도 있다. 다음의 두 가지 이야기를 살펴보자.

집회에 모인 사람들 중 한 명이 누군가에게 소리쳤다.
"우리의 랍비는 얼마 안 되는 수입만 갖고 아주 검소

하게 사시는 훌륭한 분입니다!"

다른 사람도 맞장구쳤다.

"옳은 말이오. 사실 그분이 월요일과 목요일마다 금식을 하지 않으셨다면, 벌써 굶주려 돌아가셨을지도 몰라요."

두 번째 사람은 친구의 말을 한껏 강조하는 데 모순된 표현을 사용했다. 그 랍비가 영적이고 내적인 삶을 유지하지 못했다면, 보잘것없는 기부금만으로 삶을 유지할 수 없었을 것이다. 랍비의 금식은 불충분한 음식마저 끊는 행위였지만, 오히려 금식을 통해 그는 혹독한 삶의 조건을 버텨나갈 힘과 믿음을 얻었던 것이다.

이처럼 뚜렷한 상황 속에 숨겨진 영역을 밝혀주는 모순된 요소들을 통해서, 우리는 상황을 제대로 이해하게 된다.

여든두 살의 노부인이 힘겹게 의사의 진찰실로 들어왔다. 노부인은 말을 꺼냈다.

"의사 선생님. 하루하루가 너무 힘들어요."

"부인, 죄송합니다. 현대의학으로도 어쩔 수 없는 부

분이 있어요. 저로서도 부인의 젊음을 되살릴 방도가 없군요."

그러자 노부인은 이렇게 말했다.

"선생님, 제가 언제 젊게 만들어달라고 했나요? 저는 그저 더 빨리 늙고 싶은 마음뿐이라고요!"

이 의사는 현실을 잘못 해석했고, 그런 선입관은 노부인이 불가능한 일을 원하고 있다고 판단하도록 이끌었다. 그리고 부인이 진실을 밝히자마자 그 의사가 처음 내뱉은 말은 우스꽝스러워져 버렸다. 의사가 전문적으로 해야 할 일은, 그 부인의 피할 수 없는 운명에 판단을 내리는 것이 아니라 단순히 그녀를 돕는 것이다. 노부인은 모순된 표현으로 의사의 선입관에 의해 가려져 있던 본인의 진짜 희망을 밝혔다. 상황을 반전시키는 반대 논리를 통해, 의사는 그 상황에서 잘못된 요소는 오직 현실을 해석하는 본인의 경솔한 판단밖에 없다는 사실을 깨닫고 제자리로 돌아올 수 있었다. 평범한 대답보다는 모순된 대답이, 우리의 사고방식을 반영하는 틀에 박힌 행동을 훨씬 날카롭게 지적해낼 수 있다.

어설픈 참견은 풍자로 되돌려주라

풍자를 통해서도 제2영역은 밝혀질 수 있다. 풍자는 몇 발짝 뒤로 물러나 눈앞의 현실과 거리를 두는 방법으로서, 재치 넘치고 예리하게 반응할 가능성을 열어준다.

제2영역을 밝혀내는 다른 방법들처럼, 풍자는 드러난 세계의 가면을 벗기고자 현실을 뒤틀고 과장한다. 풍자는 종종 역설의 형태로 나타나며, 어리석은 명제를 비꼬고 극단으로 몰아간다. 어설픈 아이디어를 낸 가엾은 발제자는 자신의 부족한 판단력을 깨닫게 된다. 풍자는 결론을 내리지 않으며, 단지 어리석은 생각과 부적절한 행동을 강조함으로써 새로운 방향을 제시한다. 또한 풍자는 직접 그 대상과 마주한 채로 일어나는 경우가 많아,

다소의 긴장감을 유발하기도 한다.

한 농부가 랍비를 찾아가 하소연했다.
"랍비여, 저희는 수년 동안 끔찍한 가뭄으로 고통받고 있습니다. 농작물이 더 이상 자라지 않고, 가축들은 죽어갑니다. 우리 가족마저 굶주리며 앓고 있어요. 도대체 어찌해야 합니까?"
랍비는 달래듯이 대답했다.
"걱정하지 말아요. 신께서 해결해주실 겁니다."
농부는 동의했다.
"물론 저도 알아요. 저 역시 신께서 해결해주시기 시작할 때까지만 해결해주시길 바라는 것뿐이니까요!"

여기서 농부의 풍자는 랍비의 말을 부정하지 않았다. 그러나 가족이 위험에 처한 다급한 상황에 놓인 사람의 현실감각은 랍비의 진부한 대답과 극적으로 대치된다. 가엾은 농부는 재치 넘치는 대답으로 그 랍비가 자신이 방문한 목적을 전혀 이해하지 못하고 있다는 사실을 스스로 깨닫게 했다. 농부의 문제를 해결해줄 수 없다면, 적어도 랍비는 자신의 공허한 대답이 있으나 마나 한 말이라는 사실쯤은 알고 있어야 했다.

현자들은 오래전부터 이 문제를 깊이 곱씹어왔다.

"나는 현자들 속에서 자라났고, 침묵보다 값진 것은 없다는 사실을 발견했다."*

이 말에서는 침묵을 적극적인 대답으로 간주하고 있다. 침묵은 랍비의 공허한 대답과 같은 것이 아니라, 농부의 문제에 초점을 맞춘 현실적인 반응의 하나로 해석될 수도 있다. 그러나 침묵에 대답의 의미를 담기는 매우 어렵다. 침묵을 대답으로 활용하는 것은 현자들만의 특성이다.

풍자와 관련된 유대의 민간 전승이 가장 풍부한 분야는 바로 사업이다. 유대의 이야기가 흔히 "누가 누구와 랍비에게 가서 말하길 어쩌고저쩌고…" 하는 형태를 띠듯이, 상인과 손님 사이의 거래는 인간 상호작용의 본질을 드러내주는 아주 풍부한 에피소드의 원천이다. 실제로, 정신분석학자 앞에서 토론될 만한 많은 문제가 계산대를 가운데 놓고 마주한 두 사람 사이에서 생겨난다. 여기에 그 사례들이 있다.

---

* 유대의 율서律書 〈피르케 아보트Pirkei Avot〉 1:17.

한 아가씨가 제과점에 가서 두 개의 빵 덩이를 집었다.

"40센트입니다."

"40센트요?"

아가씨는 소리쳤다.

"아니, 한 덩이에 20센트라뇨? 길 건너에 있는 제과점에서는 12센트밖에 안 한다고요!"

빵집 주인은 심드렁하게 말했다.

"그럼 거기 가서 사요."

"거긴 다 떨어졌으니까 그렇죠."

"이봐요, 아가씨. 나도 빵이 다 떨어지고 나면, 한 덩이를 5센트에 판다고 말할 수 있어요."

이 모순적인 대답은 그저 특정한 손님을 향한 말이 아니다. 주인의 대답은 사업과 경쟁이라는 복잡한 세계의 비밀을 담고 있다. 팔 상품이 없을 때 가격을 내리는 일은 누구나 할 수 있다. 이 이야기에서 가게 주인은 손님들의 일반적인 인식을 드러낸 어떤 한 손님을 골려주었다. 자신의 권리만을 생각하고 어떤 이득도 포기하지 않으려는 손님과 '상인은 결코 손해를 보지 않는다'는 명백한 사실을 인식하는 손님 사이에는 큰 차이가 있다. 빵

집 주인은 그 손님이 얼마나 시장의 원리를 모르고 있는가를 스스로 깨닫게 해주었다.

손님은 절대로 상인에게서 이득을 이끌어내는 제안을 할 수가 없다. 어떤 상인도 그런 제안에는 응하지 않을 것이다. 가끔 손님에게서 도를 넘은 요청을 들은 사업가들은 이렇게 맞받아치고픈 충동을 느끼기도 한다.

"당신은 이 게임에서 자신의 역할을 전혀 알아차리지 못하고 있어. 이익을 챙기는 사람은 바로 나야. 당신의 역할은 원가에 내 몫의 이득을 합한 값을 치르고 그 물건을 가지고 가는 것이라고."

물론 우리는 그 이익의 비율에 대해 문제를 제기할 수 있지만, 가끔 불만으로 가득 찬 손님들이 주장하듯 이익을 남기려는 주인의 태도 자체를 문제 삼을 수는 없다.

뛰어난 상인은 자신의 역할을 잘 알고 있으며, 손님을 바보로 만들어버리는 기술을 빤히 꿰고 있다. 한 스님은 뉴욕에서 어느 상인과의 거래가 자신의 삶에 큰 공부가 되었다고 말한다.

스님이 유리 전시대 안에 놓인 컴퓨터를 구경하고 있을 때, 누군가가 은근히 말을 걸었다.

"그거 사지 마세요. 더 나은 게 있어요."

스님이 다른 물건들을 보러 다니는 데도 그 남자는 계속 따라왔다. 결국 스님은 물었다.

"왜 다른 물건이 더 낫다는 거죠?"

"전 스님이 컴퓨터를 잘 모른다는 사실을 알아요. 스님은 가장 형편없는 제품을 살펴보고 있었죠. 제가 마음만 먹는다면, 얼마든지 스님을 속일 수 있어요. 그러니까 이 제품이 왜 더 나은지는 들으실 필요도 없어요. 왜냐하면 제가 스님을 속일 수도 있으니까요. 하지만 제 말을 믿으세요. 이게 훨씬 나아요."

"나는 당신을 속일 수 있어요. 그러니 날 믿어요."— 이런 역설적인 말은 적절한 판단이나 해답을 얻으려고 주어진 상황을 완전히 통제할 필요까지는 없다는 사실을 이해하게 한다. 비록 통제할 수 없는 '불확실성' 속에 둘러싸여 있다 하더라도, 당신은 현실을 올바로 파악하며 정확한 지점을 가리킬 수 있다. 그러나 불명확한 현실에 의존하더라도, 올바른 해결책을 분명히 아는 일은 직관의 문제가 아니라 의식적인 결정에 의한다. 즉, 신중한 판단 속에서만 현실에 대한 해석은 견고하게 자리 잡을 수 있다.

아주 무더운 날 한 남자가 부채를 사러 상점에 가서 물었다.

"부채들 좀 보여주세요."

상점 주인이 대답했다.

"5센트짜리, 20센트짜리, 50센트짜리 세 종류가 있어요."

"그럼 5센트짜리 하나 주세요."

"여기요."

상점 주인은 얇은 일본식 부채를 건넸다.

10분 후, 손님은 되돌아와 항의했다.

"이 엉터리 부채 좀 봐요, 벌써 부서졌잖아요!"

"부서졌다고요? 어떻게 썼기에 부서져요?"

"어떻게 썼느냐고요? 당신은 부채를 어떻게 쓰는데요? 당연히 손에 들고 얼굴에 대고 부쳤죠. 당신은 다른 방법으로 쓰나요?"

"오, 그럼 안 되죠!"

상점 주인은 차근히 설명했다.

"5센트짜리는 부채는, 그냥 손으로 들고만 있고 당신의 얼굴을 흔들어야 한다고요."

상점 주인은 현실을 정확히 해석하지 못하는 손님을 비꼬았다. 값싼 물건의 허술함을 아는 것은 본인의 책임이다. 상점 주인은 5센트짜리 부채는 손님이 기대한 방법대로 사용되지 않는다는 사실을 지적했다. 풍자에서는 이런 차이를 강조하고자 손님의 논리를 그대로 빌려 말한다.

"물건의 질이 문제가 아니라 자기가 산 물건의 사용법을 모르는 것이 문제다."

상점 주인은 값싼 물건을 사놓고 트집 잡는 손님에게 멋지게 한 방 먹인 것이다.

미래는 현재 안에 있다

예언은 제2영역을 밝혀내는 또 하나의 방법이다. 예언에는 최대한의 명확성과 감도로 현실을 읽어내는 능력이 필요하다. 그리고 세상에는 다른 사람들이 제대로 설명하지 못하거나 미신이라 여기는 방식으로 미래를 내다보는 사람들이 있다.

예언에는 두 가지 방식이 있다. 하나는 당연한 이야기를 교묘하게 돌려 말하는 경우이고, 다른 하나는 뚜렷한 정보들을 따라가는 과정을 통해 명확한 결론에 도달하게 되는 경우다.

악몽에 시달리던 히틀러는 그의 당번병에게 자신의

꿈을 해석해줄 사람을 찾아오도록 명령했다.

"오!"

예언자는 미래를 보았다.

"나는 당신이 유대인의 축제일에 죽는 모습이 보여요."

히틀러는 겁이 났지만 호기심에 다시 물었다.

"어떤 축제일인가?"

"당신이 죽는 날이 바로 유대의 축제일이지요."

로젠Rosen은 사업차 2주 동안 뉴욕에서 지내고서, 다시 그의 집이 있는 교외 지역으로 되돌아오고 있었다. 그의 옆자리에는 처음 보는 청년이 앉아 있었다. 기차가 목적지에 도착하려면 아직 멀었기 때문에, 로젠은 그 청년에게 말을 건넸다.

"어디로 가세요?"

청년은 웃으며 대답했다.

"글렌 폴즈Glens Falls로 갑니다."

"그래요? 나도 거기로 가는데! 실은, 거기서 살고 있죠. 사업 일로 가시는 겁니까?"

"아뇨, 가봐야 할 일이 있어서요."

"그곳에 친척이 있나요?"

"아니요."

로젠은 잠깐 생각한 후에 물었다.

"혹시 결혼하셨습니까?"

"아직 아닙니다."

로젠은 다시 곰곰이 생각하기 시작했다.

'그는 글렌 폴즈로 가는 길이고, 결혼도 안 했고, 사업 일도 아니고, 친척이 거기에 있는 것도 아니야. 왜 거길 가는 거지? 혹시, 애인과 그 가족을 만나러 가는 걸까? 결혼 날짜를 잡으러? 그럼 신부는 누구지? 거기에는 세 가족밖에 살지 않으니까 아마도…, 레스닉, 펠드스타인, 사노위츠 가족 중의 한 명일 거야.

레스닉일 리는 없어. 레스닉은 아들밖에 없으니까. 펠드스타인은 딸이 둘 있지만 첫째는 결혼했고 대학생인 둘째는 학기 중이라 지금 집에 와 있지 않을 거야.

그럼 사노위츠네 집이군. 마르샤, 레베카, 로첼린…

세 딸 중에 마르샤는 이미 약혼을 했고, 레베카는 이 멋진 청년이랑 결혼하기에는 좀 매력이 없지. 그럼 로첼린뿐이네. 그래! 로첼린은 꽤 예쁘니까!'

마침내 로젠은 침묵을 깨고 청년에게 미소 지었다.

"로첼린 사노위츠와의 결혼식을 미리 축하해요!"

청년은 더듬거리며 말했다.

"그런데 그걸 어떻게 아셨어요?"

"어떻게 알다뇨, 당연한걸요!"

제2영역을 탐험하는 일은 생각만큼 어렵지 않다. 당신은 이미 현실이 매번 다른 모습으로 눈앞에서 재현된다는 사실을 안다. 주어진 문제들 중 하나를 신중히 골라 그와 관련된 제반 조건들을 적절히 고려한다면, 우리는 현실을 해체하거나 통합할 수 있다. 제2영역에서, 우리는 하나의 아이디어와 그것을 고안한 당사자 사이에 어떤 단절도 없다는 점을 발견하고, 또한 어떤 특정한 시기의 상황과 그 상황 속에 놓인 사람 사이에도 단절이 없다는 점을 깨닫는다.

말해지지 않은 것이 말해진다. 행해지지 않은 것이 행해진다. 주어지지 않은 조건이 주어진다. 주어진 말, 행위, 조건의 뒷면(그림자)을 볼 수 있는가에 따라, 제1영역의 항해자와 제2영역의 항해자가 구분된다.

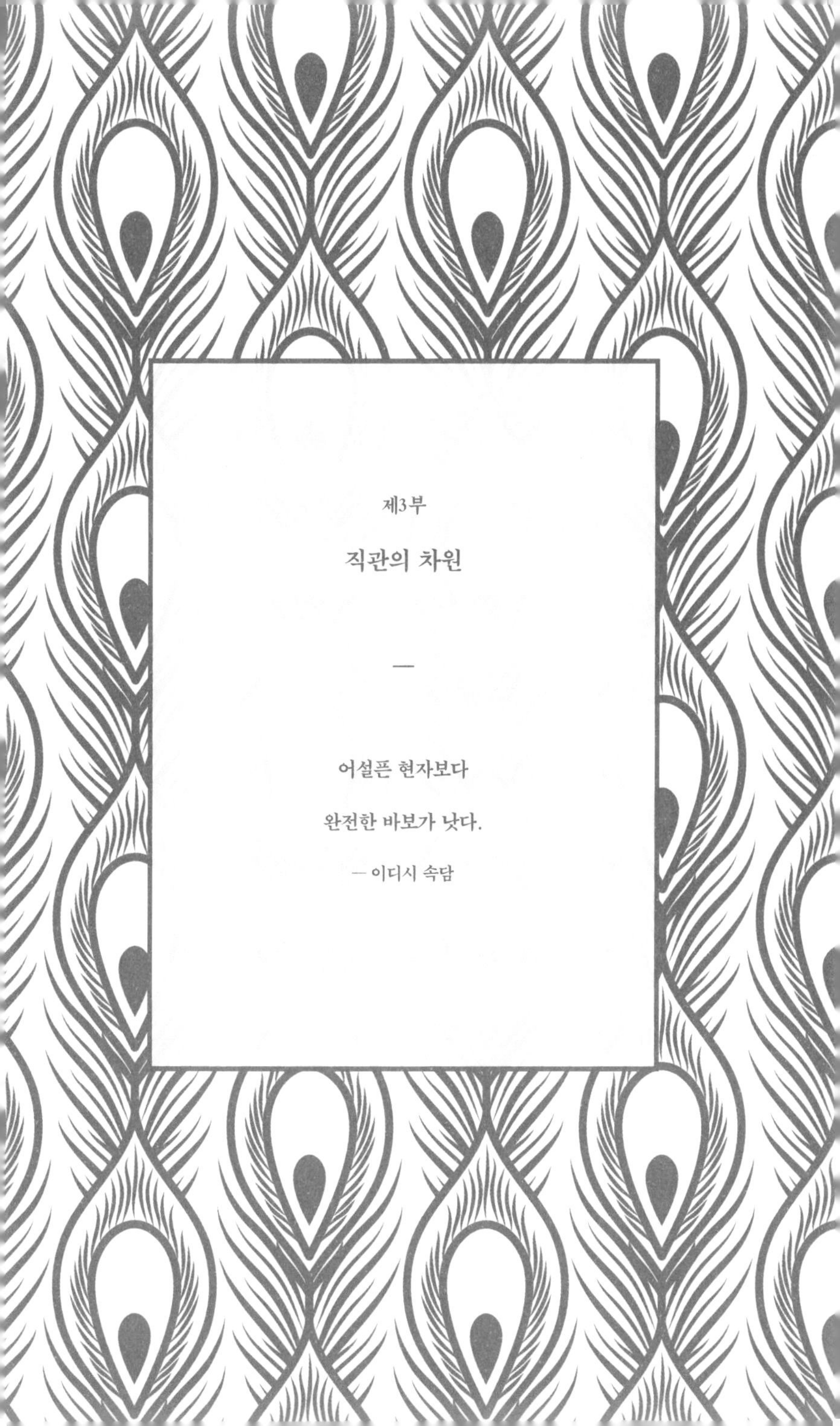

제3부

직관의 차원

—

어설픈 현자보다

완전한 바보가 낫다.

— 이디시 속담

숨겨진 세계의 드러난 영역

숨겨진 세계 속으로 들어가는 일에는 지금까지 탐구해온 세계와 본질적으로 다른 사고방식이 필요하다. 드러난 세계의 드러난 영역(제1영역)과 숨겨진 영역(제2영역)은 의식의 차원에서 분명하게 이해되고 파악될 수 있다. 즉, 그 두 영역은 명확하게 관찰하고 인식할 수 있는 형상들로 채워진 제한된 세계에 속해 있다.

그러나 숨겨진 세계는 질적으로 다르다. 분명 형상들이 존재하지만, 그 테두리와 경계선은 어지럽게 뒤섞여 있으며, 지금은 이 형상의 윤곽이었던 것이 다음 순간에는 다른 형상으로 모습을 드러낸다. 마치 꿈속에서 보이는 이미지와 응집물들처럼, 이런 형상들은 모습을 갖췄

다가도 곧 스스로 흩어진다.

우리는 형상의 파편들이 일시적으로 모여 모습을 드러냈다가 곧 저편으로 사라져버리는 이 세계를 '잠재의식'이라고 부를 수도 있다. 이 세계에서는 망각과 기억이 하나의 경험이 되고, 앎과 모름 사이의 경계가 사라진다. 이곳에서는 두 극이 하나로 어우러져서, 우리 인식의 그릇에는 도저히 담길 수 없어 보이는 그런 것들에 다가갈 수 있게 된다. 그러나 숨겨진 세계 속에서도 지각력은 여전히 작동한다. 그러므로 이곳 또한 '과수원(사고 활동의 영역)'의 일부분이다. 이 영역은 몇 번의 찰나에 지각된 것들에 대한 확신으로부터 나오는 지식들, 그리고 인식의 대상은 더 이상 존재하지도 않지만 망막과 세포에 남아 어른거리는 이미지들로부터 얻어진 지식들로 이루어진 곳이다.

신화의 세계는 드러난 영역과 숨겨진 영역을 멋지게 식별해낸다. 드러난 것은 땅으로 상징된다. 동물들의 의식에서 땅의 중요한 성질은 그것이 식별 가능하다는 사실이다. 산꼭대기에서 평원을 내려다보는 짐승에게는 그곳의 온갖 형상들이 분명히 보일 것이다. 동물들, 나무, 새, 바위, 시내 등등은 모두 식별할 수 있는 대상들이다.

눈은 사물을 분간하고 형상들을 붙잡는다.

한편 숨겨진 세계는 물(water), 더 정확히 말하면 바다로 상징된다. 바다를 볼 때 우리는 그 안의 셀 수 없이 많은 창조물과 형상들을 구별할 수 없다. 우리가 보는 것은 단편들과 조각들로 넘쳐나는 유동적인 하나의 전체, 즉 집합적인 그 어떤 것이다.

바다라는 하나의 덩어리는 바라보지 않은 채로 그 안의 특정한 개체만 따로 관찰할 수는 없다. 바닷속의 형상들은 지구를 둘러싼 대기보다도 엄청나게 밀도가 높은 '물'이라는 매개체를 통해서만 존재할 수 있다.

그런데 문제는, 우리가 형상을 그 매개체로부터 분리시키는 데 어려움을 가지고 있다는 점이다. 그래서 숨겨진 세계에 대한 우리의 시야는 오리무중이다. 그러나 배경지식 없이 문제를 풀 수 없듯이, 매개체를 모르고 어떤 형상을 이해하는 것은 불가능하다. 이 이상한 세계는 어떤 뚜렷한 구체성을 띠지 않으면서도 드러난 세계에 모습을 드러낼 수 있는, 비밀스러운 것들을 품고 있다.

숨겨진 세계는 우리를 깜짝 놀라게 하는 특징이 있다. 우리는 이 세계의 불가능성과 공존할 수 있다. 드러난 영역 속에서 불가능하다고 여겨지는 많은 일들이 실은 숨겨진 세계가 모습을 드러낸 것일 뿐이다.

유대인들의 역사가 특히 이런 점을 깨우쳐주는 본보기다. 이들의 역사는 불가능한 문제가 제시되고, 그것이 결국 어떻게 해결되는지에 관한 이야기들로 점철되어 있다. 성경에는 노예 신분을 벗어나 이집트를 탈출한 유대인들의 이야기가 나온다. 그러나 그들은 신분을 자유롭게 해주겠다는 약속을 번복해버린 파라오의 막강한 군대에 포위되는 처지가 된다. 그들은 다시 옛날로 돌아가게 할, 대단히 구체적인(드러난) 힘들로 둘러싸였다. 등 뒤로는 그 당시 가장 거대한 문명의 가장 강한 군대가 진을 치고 있었고, 눈앞에는 뭍의 생명체들을 조금의 빈틈도 없이 막아서는 장애물(바다)이 있었다. 도망갈 곳은 전혀 없었다. 그들이 마주한 위기는 땅 위, 즉 드러난 세계의 차원에서는 해결할 수 없는 것이었다. 따라서 그 해결책은 바다에 의한 것, 즉 판타지 영화처럼 물길이 열리는 방식이어야만 했다.

논리와 합리적인 추론으로는 이집트의 대규모 군대와 전차들 사이를 뚫고 나갈 육로를 도저히 찾을 수 없었으므로 유대인들의 계획은 벽에 부딪히게 되었고, 그제야 그들은 불가능성의 영역으로 눈을 돌렸다. 그들이 바다로 걸어 들어가자, 기적적으로 물길이 열렸다. 그들은 마른 땅 위를 걸어 바다를 건널 수 있었다. 믿을 수 없는 일이 현실이 된 것이다.

이때 유대인들은 숨겨진 세계(유동적인 지식)에 몸을 맡김으로써 미지의 땅, 그 새로운 기슭에 당도하는 데 성공했다. 의식작용에 비유해보면, 잠재의식의 심층을 꿰뚫어 본 것이다. 반면 이런 횡단에 담긴 의미를 제대로 이해하지 못한 채, 즉 이것이 불가능성의 영역에 발을 내딛는 일이라는 자각 없이 섣부르게 바다를 건너려 한 이집트인들은 곧 '형상 없는' 세계가 얼마나 숨 막히게 위험한지를 깨닫게 되었다.

유대인들은 유동적인 '매개체'를 인식하고 동시에 단단한 땅 위에 발을 내딛게 하는 성찰을 획득함으로써, '형상 없는' 세계 속에서 '형상'을 끄집어낼 수 있었다. 하지만 더 큰 배경을 깨닫지 못한 채, 어떤 초월적인 인식도 지니지 못한 채 명령에만 충실했던 가련한 이집트인들은 곧 모래 늪에 빠진 자신을 발견하게 되었다. 전차, 말, 그 외의 구체성을 띤 탈것들은 함정으로 가득한 다른 차원을 탐험하기에 매우 부적절했다.

바다는 그토록 강력했던 이집트인들의 힘을 빼앗고

삼켜버렸다. 그때 저 멀리 새로운 땅에서는, 유대인들이 불가능성을 극복해낸 일을 자축하고 있었다. 그들은 바다에 숨겨져 있는 무한한 요소가 현실을 파악하고 대처하는 데 유용한 도구가 될 수 있음을 깨달았다. 그들에게, 바다는 더 이상 예전의 바다가 아니었다.

숨겨진 세계의 일부, 즉 숨겨진 세계의 드러난 영역(제3영역)에 머무는 특별한 기간에 우리는 직관의 영역을 탐험하게 된다. 이 영역은 현실을 매우 명확하게 파악하도록 도와주지만, 그 전에 우리는 혼란스러운 형상들로 뒤덮인 위험한 늪을 건너야만 한다. 그저 드러난 세계에서 방관하는 사람들은 이 늪을 통과할 수 없다. 가끔 구체적이고 실체적인 세상 속에서 놀라움을 느낄 순 있겠지만, 그들은 이 영역을 이해할 만한 도구를 지니고 있지 않다.

앞에서 우리는 문제를 효과적으로 해결하는 방법의 하나가 바로 무지와 마주하는 일이라는 사실을 깨달았다. 수학 시험에서 각각 0점과 100점을 받은 두 학생은 서로 무엇이 다른가? 그 둘의 지능이 같다면, 시험점수의 극단적인 차이는 자신의 '무지'를 파악하는 능력의 차이에서 비롯된다. 0점을 받은 학생은 선생님이 칠판에 적어놓은 특정한 문제를 푸는 데 필요한 정보에만 마음을 빼앗겨, 그 풀이 뒤에 숨겨진 원리를 이해하지 못했다. 이런 약간의 차이 때문에 그 학생은 변형된 문제들을 풀지 못하고 0점을 받은 것이다. 바로 이것이 정보(제1영역)와 이해(제2영역) 간의 효율성의 차이이다.

한편 직관의 영역(제3영역)에서는 자신의 무지를 아는 것만으로는 부족하다. 당신은 적극적으로 당신이 아는 것보다 모르는 것에서 더 많은 결과를 얻어내야만 한다. 언젠가 직관과 경영에 관한 강연회에 참석했을 때, 나는 강연자의 이런 주장을 들은 적이 있다.

"우리는 뇌의 10퍼센트밖에 쓰지 못합니다. 뇌를 100퍼센트 활용하는 자신을 떠올려보세요."

나는 그에게 그런 주장이야말로 효율성에 대한 맹신에서 나온 불행한 생각이라고 말해주었다. 문제를 해결하기까지 중간 과정을 거치는 동안, 실제로 우리는 마음속의 '빈 공간'에 크게 의지하기 때문이다.

우리 주변에서는 학창 시절에 100점을 받았던 사람이 어른이 돼서는 별로 빛을 보지 못하고, 오히려 0점을 받았던 학생이 사업에 크게 성공하는 일이 흔하게 일어난다. 이는 누군가가 드러난 세계에서 숨겨진 세계로 스스로 이동하는 법을 터득했을 때 벌어지는 일이다.

아래의 일화를 보자.

별 볼 일 없는 학생이었던 모Mo에 비해 사촌 대니Danny는 반에서 늘 일등이었다. 하지만 어른이 된 후에 모가 만지는 모든 것은 금덩이가 되었지만 대니는 그리 성공하지 못했다. 한번은 모가 복권에 당첨되었다. 더 이상 참지 못한 대니는 모에게 달려가 물었다.

"무슨 수를 쓴 건지 이제는 좀 알려줘! 대체 어떻게 복권에 당첨된 거야?"

모는 대답했다.

"진짜 알고 싶다면 알려줄게. 나는 복권을 사기 전에 꿈을 꿨어. 천사들이 성가를 불렀는데, 그들은 일곱 줄로 서 있었고 줄마다 여덟 명이 있었지. 더 이상 뭐가 필요하겠어? 나는 다음 날 바로 63이라는 숫자로 끝나는 복권을 샀지. 그래서 당첨된 거야!"

"하지만 7 곱하기 8은 56이잖아! 63이 아니라고!"

"어, 정말? 몰랐네. 넌 참 계산을 잘하는구나!"

대니는 세상에는 해답을 제공하는 '빈 공간'이 있다는

사실을 이해하지 못했다. 모는 비록 잘못된 계산을 했지만, 직관적 활동에서조차 이성에 의존해야 하는 대니보다 훨씬 좋은 결과를 얻었다.

숨겨진 세계는, 논리적으로는 우스꽝스럽게 보이는 부조리가 오히려 생존의 통로가 되는 이상한 곳이다. 완전한 바보가 어설픈 현자보다 더 쓸모 있는 곳이며, 순진함과 미련함이 지식의 새로운 측면을 밝혀주는 곳이다. 문제를 해결하는 데 필요한 지식이 어디서 비롯되었는지는 중요한 일이 아니다. 오히려 해결책은 종종 모든 질문에 철저하게 새로운 의문을 덧붙이는 데에서 얻어진다.

숨겨진 세계에는 지도가 없다. 숨겨진 세계는 먼저 경험을 통해 접근하고 나서야 인식으로써 접근할 수 있는 곳이다. 코제니츠Kozhenitz의 랍비 마기Maggid는 자식을 낳을 수 없어 기도를 하러 찾아온 여자에게 이런 사실을 깨닫게 해주었다.

"제 어머니도 당신과 같은 문제가 있었어요. 그러던 어느 날 어머니는 아주 영험한 랍비를 찾아갔고, 외투 한 벌을 선물로 드렸지요. 그리고 다음 해에 제가 태어났답니다."

여자는 환하게 웃으며 말했다.

“감사합니다. 저도 그렇게 하겠어요. 위대한 랍비에게 코트를 선물하겠어요.”

마기는 웃으며 덧붙였다.

“오, 전혀 그러실 필요 없어요. 당신에게는 도움이 되지 않을 거예요. 제 어머니는 그런 힌트를 미리 듣지 않았거든요.”

문제에 앞서 해답이 존재한다

우리는 지금 암시의 세계를 탐험하고 있다. 이곳에서는 제2영역처럼 사물들 간의 명확한 유사성을 찾기보다, "어쩐지 이건 저것을 생각나게 해"와 같은 연상작용이 일어나도록 내버려두어야 한다. 인식의 장場이라는 매개체 속에서 드러난 주제, 대상, 이야기, 조건들이 넌지시 비치고 모호한 형상들과 연계된다. 드러난 세계에서 '산맥'이 '강함'을 의미했다면, 숨겨진 세계에서는 엉뚱하게 '월요일'과 연계될 수도 있다. 숨겨진 세계를 파악하고 그곳에 참여하는 가장 낯익은 방법인 심리요법은 숨겨진 세계와 구체적인 현실 사이의 끈끈한 연계를 증명하고 있다.*

그러나 어떻게 해야 우리는 숨겨진 세계라는 지식의 보고에서 이득을 이끌어낼 수 있을까?

첫 번째 단계는, 이 숨겨진 세계에서는 오로지 반전 ― 대답을 적절한 질문에 연결 짓는 일 ― 을 통해서만 지식에 도달할 수 있음을 배우는 것이다(질문에 대답을 연결 짓는 일이 아니다). 사실 '답'을 제공하고, 그것이 인식될 수 있는 드러난 세계로 모습을 나타내게 하는 것은 답이 만들어낸 의문들이다. 이런 연상작용에서는 대답이 아니라 오히려 질문이 순수하고 유용한 것이 된다. 반대로 대답은 명확하지 않을 수 있다. 그러므로 대답으로써 지식을 드러내려고 시도하는 사람은 이집트인들처럼 위험한 모래 늪에 빠지게 될 것이다. 이처럼 드러난 세계 속에서 해답을 구체화하는 것은, 역으로 창조된 질문들이다.

아래의 이야기는 이런 반전의 이치와 유용성을 잘 설명해주고 있다.

숲속을 탐험하고 있는 한 사냥꾼이 여러 나무에 걸려

---

* 연상되는 것을 있는 그대로(의식적인 검열 없이) 말하게 하는 자유연상법은 프로이트가 무척 신뢰했던 심리요법 중의 하나였다.

있는 몇 개의 표적지를 발견했다. 사냥꾼은 모든 표적지의 한가운데 화살이 꽂혀 있는 모습을 보고 경악했다. 그는 과연 이렇게 완벽한 궁술을 지닌 사람이 누군지 궁금해서 그 화살을 쏜 주인공을 찾아 주변을 샅샅이 뒤졌다. 마침내 궁수를 발견한 사냥꾼은 그에게 물었다.

"그리도 정확하게 겨냥할 수 있는 비결이 뭐죠? 어떻게 해야 당신처럼 화살을 잘 쏠 수 있을까요?"

"아주 간단해요."

궁수는 이어 말했다.

"저는 먼저 화살을 쏘고, 그다음에 표적지를 그리지요."

이것이 바로 반전의 방법이다. 쏘아진 화살이 전부 과녁의 정중앙에 꽂힌 비밀. 활을 쏜 후에 과녁을 확인하는 것은 궁수 자신의 기술 향상에 큰 도움이 된다. 그러므로 이런 반전은 궁술을 향상시키는 데는 아무런 도움도 되지 못할 것이다. 활을 쏜 후에 과녁을 그리는 일도 자신의 활이 얼마나 중앙에서 빗나갔는지를 확인하는 하나의 방법이라고 우길 수 있겠지만, 그런 변명은 어디까지나 드러난 세계(무지가 발견되는 제2영역)에 근거를 두고 있다.

숨겨진 영역은 드러난 영역으로 환원될 수 없다. 하지만 우리는 겨냥 이후에 목표를 정하는 반전의 방식으로 제3영역의 지식을 획득할 수 있다. 다시 말하면, 연상과 암시의 과정을 통해서 발견된 대답들이 역으로 새로운 질문을 창조하는 것이다.*

숨겨진 세계의 드러난 영역(제3영역) 속에서는, 화살이 쏘아진 이후에야 진정한 과녁이 창조된다. 우스꽝스럽게 보이는 반전 속에서는, 화살이 과녁을 향해가는 것이 아니라 과녁이 화살을 향해간다. 이처럼 우리의 잠재의식에서는 의문의 발단이 중요하지 않으며 대답이 질문보다 앞서서 존재한다. 따라서 호기심도 지식의 뒤에 자리한다. 즉, 잠재의식 속에서는 사고의 과정이 반전된다.

숨겨진 세계는 '본질'과 관련을 맺고 있기 때문에, 놀랍게도 미리 안다(해답을 갖는다). 이것이 바로 유동적인 형상들 속에서 대답이 무의미해지는 이유다. 반대로 질문은 구체화한 만물 속에서 의미 있는 요소가 된다. 질문은 가능한 모든 대답(과녁)의 총합 속에서 적당한 하나를 끄집어내며, 이때 그 모든 대답은 부분으로 나뉠 수 없는

* 예를 들어, 정신분석학의 자유연상법은 이런 반전과 관련이 깊다. 자유연상법에서는 환자의 문제가 무엇인지에만 관심이 있지, 그 문제를 찾아내는 데 실마리로 작용한 구체적인 요소들에는 별다른 의미를 두지 않는다.

바다와 같은 온전한 전체(매개체)로서 역할을 한다.

그러므로 하나의 답을 끄집어내기 어려울 만큼 밀도가 높은 매개체 속에서 끝내 결과를 얻어내려는 궁수는 결코 상황을 통제하려는 마음에 의존해서는 안 된다. 통제력을 갖춘 사람은 과녁을 쏘아야 한다는 사실에 사로잡혀 활을 쏜 후에 과녁을 그리는 궁수를 비웃을 것이다. 그러나 그 궁수는 통제자가 절대 접근할 수 없는 삶의 경험으로부터 정보를 수확한다. 조건과 논리의 세계에 갇힌 죄수, 즉 통제자는 통제할 수 없고 증명될 수 없는 것에서는 어떤 지식도 이끌어낼 수 없다고 굳게 믿는다.

활을 쏜 후에 과녁을 그리는 것은 결과가 원인을 만드는, 뒤집힌 인과관계를 깨달았다는 의미다. 랍비들은 〈토라[Torah]〉(모세5경) 안에 담겨 있는 매우 중요한 차원들에 대해 말하기에 앞서, 반드시 이런 측면을 설명한다.

그러므로 이 제3영역에서는 구태의연한 대답보다 그것을 찾아가는 과정이 더욱 중요하게 부각된다. 역동적인 차원에서는 과정이 곧 대답이 되기 때문이다. 대답들은 쉽게 변하기 때문에 오로지 새로운 질문에 의해서만 인식될 수 있다. 이것은 직접적인 산출 관계라기보다는 암시적인 관계다.

현실은 본질적으로 모호하다

직관의 세계의 또 다른 특징은 다면성多面性이다. 철학자 마틴 부버Martin Buber는 금지된 과일을 먹고 눈이 뜨인 아담과 이브의 이야기 — "이에 그들의 눈이 밝아"(창세기 3:7) — 가 바로 숨겨진 세상의 특징을 나타내는 내용이라고 주장한다. 그로써 아담과 이브는 만물의 본질인 '모순'과 '모호함'을 인식하게 되었다.

부버에 따르면 "선과 악에 대한 지식"이라는 표현 — "선악을 알게 하는"(창세기 2:17) — 은, 윤리적인 차원에서의 자각을 뜻하는 것이 아니라 인간이 만물에 빠짐없이 내재한 모순점들 사이에서 긴장을 느끼게 되었음을 의미한다. 현실의 모순적인 본질을 깨닫는 것은 상당히 고통스러운 일이고, 신은 자비롭게도 인간을 그런 고통에서 보호하려고 애쓰셨다. 그러나 사과를 먹은 날부터 오늘날까지, 모든 남자와 여자는 현실의 모호함을 인식해야만 하는 원죄를 짊어지게 되었다.

아래의 일화는 이런 논의를 더욱 명쾌하게 그려낸다.

두 유대인이 다툼 끝에 랍비를 찾아갔다. 그들이 랍비의 집에 도착했을 때, 랍비는 공부를 하고 있었고 랍비의 아내는 그 방의 구석에 앉아 있었다. 랍비가 물었다.

"무슨 문제로 날 찾아왔소?"

우선 한 사람이 설득력 있게 자신의 주장을 말했고 랍비는 이렇게 대답했다.

"당신이 옳군요!"

그리고 랍비는 다른 사람에게도 물었다.

"이번에는 이 사람의 말을 들어볼까요?"

그 사람도 똑같이 일리 있는 주장을 했고 랍비는 또다시 이렇게 말했다.

"당신 역시 옳아요."

그러자 그 대화를 듣고 있던 랍비의 아내가 끼어들었다.

"사랑하는 내 남편이 120세까지 장수하기를…, 하지

만 어찌 둘 다 옳을 수가 있겠습니까?"

랍비는 수염을 매만지며 결론을 내렸다.

"당신 말도 옳아요!"

드러난 세계의 관점으로 보면, 명색이 지혜의 전수자라는 랍비가 도무지 제정신이 아닌 것처럼 보인다. 유대 신비주의 학자 리처드 라스킨Richard Raskin은 이 일화를 세 가지 관점에서 해석할 수 있다고 말했다. 역할 실패(role-fiasco), 고도의 책략(tactical maneuver), 또는 의도적인 일탈(exemplary deviance)이 바로 그것이다.

우선 첫 번째 관점에 따르면, 우리는 랍비가 지혜의 모순적인 측면(풍자)을 드러냈다고 볼 수 있다. 두 번째 관점에 따르면, 랍비는 하나의 대답을 내놓기보다는 아내와 두 남자와의 갈등을 피하기 위한 전략을 실행했다고 볼 수 있다. 세 번째 관점에 따르면, 랍비는 논리적인 기준이 인간의 모든 가능성을 해명하기에는 적절하지 않다는 사실을 깨우쳐주려고 일부러 그리했다고 볼 수 있다.

이 세 가지 가능성은 서로 다른 세 가지 영역을 각각 드러낸다. 드러난 세계의 드러난 영역(제1영역)에서 보면, 랍비의 행동은 역할 실패다. 랍비를 찾아온 두 사람은 속터지는 대답만을 들었을 뿐이다. 드러난 세계의 숨겨진 영역(제2영역)에서 보면, 랍비는 자신만의 원칙이 있는 것처럼 보인다. 랍비는 최종 판결을 내려서 문제를 해결하기보다는 철저히 어느 편으로도 치우치지 않고자 정치적으로 말을 번복한다. 세 번째 경우는 숨겨진 세계의 드러난 영역(제3영역)에 속한다. 두말할 필요 없이 명백하게, 랍비는 "이것도 옳고, 저것도 옳고, 그것도 옳다"라는 가능성을 하나하나 선언해간다. 애매한 듯 보이는 이런 가르침은 숨겨진 세계의 일부로서, 논리의 부작용 속에 포함되어 있는 지식이라고 할 수 있다.

최근 과학 분야에서는 인간의 인지구조를 설명하기 위한 노력의 일환으로 새로운 반응 이론(response theory)들을 많이 내놓고 있다. 그 이론들 중 일부는 서로 다른 '진실'이 동시에 존재할 수 있음을 뒷받침한다.

이처럼 열린 관점의 인식 능력은 지혜를 얻는 유용한 수단이다. 라스킨은 다양한 모습으로 인식될 수 있는 안팎이 모호한 이미지들(게슈탈트 형상, Gestalt figures)* 을 예로

---

* 게슈탈트는 형形(형태)을 뜻하는 독일어로, 게슈탈트 심리학에서는 "전체는 부분의 합 이상의 것이다"라는 전제하에, 인간은 눈으로 들어온 영상 자극을 그대로 인식하는 것이 아니라 뇌 속에서 다양한 재조직 과정을 거쳐 인식한다는 이론을 발표했다. 그리고 그 과정에는 심리적 요소가 개입하는데, 예를 들어 어떤 사람은 〈그림 1〉을 독특한 모양의 컵으로 인식하고, 다른 사람은 마주 본 두 얼굴로 인식한다. 역주.

들어 이를 설명한다. 루빈Rubin의 컵(그림 1), 슈스터Schuster 삼지창(그림 2)과 네커Necker 직육면체(그림 3) 그림을 살펴보자.

〈그림 1〉 루빈의 컵

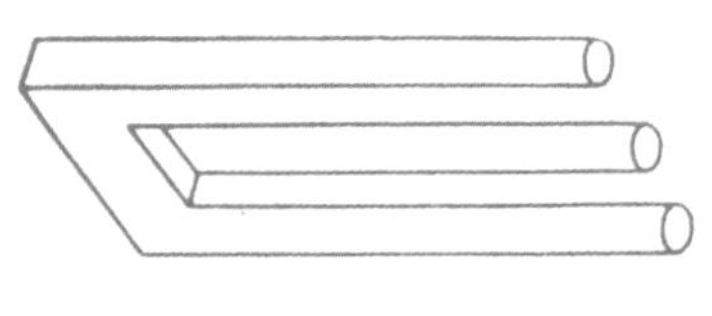

〈그림 2〉 슈스터 삼지창

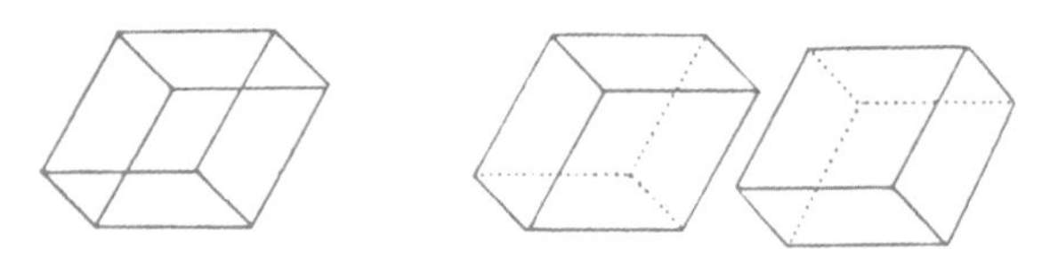

〈그림 3〉 네커 직육면체

제3영역을 탐험할 때는, 마치 이 그림들을 볼 때처럼 기묘한 느낌을 받게 된다. 해결책을 찾는 일도 이런 반전 과정과 비슷할 수 있다. 우리는 때로 반전된 형상이 많아질 때 지식의 분명한 측면들을 이해하게 된다. 형상은 매개체 속에서만 존재하며, 매개체는 끝없이 하나의 형상을 다른 형상으로 대체한다. 하나의 형상은 다른 형상에 의존해 있지만, 그렇다고 한계 지어지지는 않는다(이런 점에서 드러난 세계와는 다르다). 다시 말해, 숨겨진 세계는 역동적이므로 고체처럼 손으로 잡을 수가 없다. 그것은 움직임 속에서만 반응하며, 그런 이유로 다른 질문들에 연결된다.

아이디어를 얻으려면 논리를 버리라

인간의 가장 공통된 희망 중 하나는, 무질서하고 비논리적이고 난해한 방식으로 주어지는 듯 보이는 특정 종류의 정보들을 통제하고 다루는 능력을 갖추는 것이다. 그러나 자신이 꾼 꿈을 설명하는 일이 쉽지 않은 것처럼, 이런 욕망은 곧 좌절을 불러일으킨다. 아무리 노력하더라도, 명확하게 정의된 주제와 자아가 없는 꿈속에서 얻어진 결론들은 언어와 개념으로 구성된 이 세계 속에 오히려 막연함만 증가시킬 것이다. 위에서 살펴본 바와 같이, 꿈의 대상들은 '꿈'이라고 하는 매개체와 떼어놓을 수 없으므로 그것들의 특성을 파악하려면 먼저 그 배경(매개체)부터 재구성해야 하기 때문이다.

그러나 이따금 직관은 아주 특별한 방식으로 드러난 세계 속에 모습을 드러낸다. 이런 경우에 우리는 숨겨진 세계로부터 새어 나온 지식을 육감적으로 알아차리고 마치 드러난 영역의 요소처럼 그것을 활용할 수 있다. '육감'은 객관, 논리, 인과관계로부터 자유로운 무언가가 형상을 획득할 때 발생한다. 그리고 누군가가 그 형상을 보고 그 이면에 숨겨진 매개체를 발견해냈을 때, 이를 '직관'이라 한다.

따라서 의지를 갖고 숨겨진 영역을 다루려고 노력할 때에는, 숨겨진 것과 드러난 것의 차이를 파악하는 일이 선행되어야 한다.

> 롭시츠Ropshitz의 랍비 나프탈리Naftali는 코쉬츠Koswitz에서 온 랍비를 손님으로 맞았다. 그런데 나프탈리의 집에 들어온 손님은 커튼으로 가려진 창문을 보더니 깊은 생각에 잠겼다. 주인이 무슨 생각을 그렇게 하느냐고 묻자 손님이 되물었다.
> "사람들이 집 안을 들여다봐도 괜찮다면 커튼을 달아 놓을 필요가 있을까요? 그리고, 사람들이 들여다보는 걸 원치 않는다면 애초에 창문은 왜 만들었을까요?"

그러자 나프탈리가 대답했다.

"내가 정말 사랑하는 사람이 내 집 안을 봐주기를 바랄 때, 그때만 커튼을 열어 보여주기 위해서지요.

이것은 재미있는 이미지를 사용한 의미 깊은 대화다. 창문과 커튼은 감추는 관계와 터놓는 관계 양쪽을 모두 허용한다. 여기서 집은 의식이 거주하는 영역을 뜻한다. 반면 '집 밖'은 광대한 미지의 세계다. 집 밖에는 일일이 식별할 수 없는 수많은 형상이 존재한다. 창문을 만든 행위와 그것을 가리는 행위가 서로 모순된다는 말은 소통의 수단이 동시에 감춤의 수단도 될 수 있다는 사실을 반영한다. "보지 못하는 눈과 듣지 못하는 귀"를 지적하는 성경 구절은 바로 커튼으로 가려진 창문에 관한 비유다.

이때 드러난 세계는 숨겨진 세계와 울타리를 쌓는 방향으로 작용한다. 아무리 보고 들으려고 해도, 당신은 성공할 수 없다. 드러난 세계를 통제하려고 할수록 오히려 숨겨진 세계로의 접근이 차단되므로, 당신의 노력은 결국 헛된 것이 된다.

랍비 나프탈리의 대답 ― "내가 정말 사랑하는 사람이 내 집 안을 봐주기를 바랄 때, 그때만 커튼을 열어 보여주기 위해서지요"— 은 제4부에서 다루게 될 '참여'의 방식을 가정하고 있다. 여기서 '정말 사랑한다'는 말은 무슨 뜻인가? 그것은 아마도 감각보다 더 미묘한 인식 작용으로서 '논리를 벗어난(숨겨진 세계에 속하는) 강렬한 욕망'을 뜻하는 표현일 것이다.

신이 가장 생생하게 인간에게 말하는, 즉 숨겨진 존재(본질)가 드러난 존재(형상)에게 직접 계시하는 성서에는 이런 말이 쓰여 있다.

> 이스라엘(분별의 세계)아, 들으라.
> 우리 하나님 여호와(너의 본질)는 오직 하나인(분별없는) 여호와(너의 매개체)시니
> 너는 마음을 다하고 성품을 다하고 힘을 다하여 네 하나님 여호와(너의 본질)를 사랑하라.
> 오늘날 내가 네게 명하는 이 말씀을 너는 마음에 새기고…(신명기 6:4-6)

본질을 사랑할 때 우리는 창문을 얻게 된다. 우리는 '사랑'이라는 수단을 통해, 파악할 수 없는 무언가와 깊은 연결고리를 갖게 된다. 그렇다면 왜 굳이 커튼까지 젖

혀야만 할까? 그래야 숨겨진 영역에서 오는 형상들이 우리의 가슴에 도달할 수 있기 때문이다. 이 창문을 통해 오는 형상들은 우리의 감각을 거치지 않는다. 그것들은 우리의 가슴 주위를 맴돌고 머물며, 우리가 이해할 수 없는 목적을 띠고 가슴에 침투한다. 이처럼 사랑으로써 커튼을 젖히고 가슴의 갑옷을 벗는 일은 논리적 사고를 벗어난 숨겨진 세계 일부에 형상을 부여한다.

이런 직관적인 세상에 우리는 어떻게 참여할 수 있을까? 개입하지 말고, 답이 저절로 떠오르도록 내버려둔 후, 그 답에 적합한 질문을 역으로 추적하라. 만약 이런 직관적인 대답들을 받아들일 수 있고 그것들이 가슴 주위를 맴돌도록 내버려둘 수 있다면, 곧 적절한 질문이 맴도는 정답들 중 하나를 정확히 찾아 내려올 것이다. 그러면 다른 사람들은 도저히 출처를 알 수 없는 해답이 드러난 세계 속에서 형상을 획득할 것이다. 그들은 무척 궁금해할 것이다.

"어떤 질문을 던졌기에 이런 답을 얻어냈지?"

그러나 그들은 절대로 발견할 수 없다. 그들은 질문에 대답하는 행위가 아니라 질문이 답으로 되돌아가게끔 하는 과정에서 이런 형상이 드러났다는 사실을 알지 못하기 때문이다.

이처럼 우리는 통제보다는 '내버려둠'을 통해 직관적인 세상에 참여할 수 있다. 유대인에게 전해지는 이야기를 하나 더 살펴보자.

> 랍비 수시아Sussia와 같은 도시에 살던 한 남자는 그 랍비의 청빈한 생활을 보고 무척 감동했다. 그래서 그는 매일 랍비의 성구함에다 가지고 있던 돈을 몰래 넣고는 사라졌다. 그 돈 덕분에, 랍비 수시아는 자식들을 굶기지 않을 수 있었다. 한편 자선을 베풀기 시작한 남자도 점점 더 큰 부자가 되어갔다. 그는 돈을 많이 벌수록 랍비에게 더 많이 기부했고, 그럴수록 이자가 불듯 더욱 큰 부자가 되었다.
>
> 그러던 어느 날, 그 남자는 랍비 수시아가 위대한 랍비 마깃Maggid의 제자라는 사실을 알게 되었고, 제자에게 기부한 탓에 이만큼 큰 부자가 되었으니 그 스승에게 기부한다면 얼마나 더 큰 복이 따를까 하는 생각을 품게 되었다. 그래서 그는 그 생각을 실행했다. 그는 랍비 마깃이 머무는 도시를 찾아가 자신의 기부를 받아달라고 간청했다.

그런데 그때부터 그 남자의 재산은 점점 줄어들었고, 결국에는 그동안 벌어놓은 돈마저 모두 잃는 처지가 되었다. 남자는 고민 끝에 랍비 수시아를 찾아가 모든 사실을 말하고는, 스승이 훨씬 더 큰 힘을 갖고 있다고 당신이 말하는 바람에 자신이 그런 일을 하게 된 것이라고 변명했다.

그러자 랍비 수시아는 이렇게 대답했다.

"생각해보시오. 그 대상이 내가 되었든 그 누구였든, 당신이 분별하지 않고 기부했을 때, 마찬가지로 신도 누구에게 복을 내리는지 분별하지 않고 당신에게 행운을 주었던 거라오. 하지만 당신이 특별히 더 많은 보상을 받을 수 있는 기부의 대상을 찾기 시작하자, 신도 똑같이 분별하기 시작했다오."

이 이야기는 남자가 통제력과 논리에 매달리자마자 다른 본성의 과정이 중단되었음을 보여준다. 우리 몸이 부교감 신경계의 지배를 받듯이(의식적인 통제 없이도 숨을 쉬듯이) 사고작용에서도 같은 양상이 펼쳐진다. '식물적인' 상태, 즉 식물적인 추론과 인식은 어떤 정보를 파악하려면 먼저 그것을 정복하고 지배해야 하는 '동물적인' 추론과는 다르다. 분별된 형상인 동물의 세계와는 대조적으로, 식물의 세계는 좀더 매개체에 가까운 상태로 존재한다. 숲(식물이 사는 세계)이라는 매개체는 동물 왕국의 매개체보다 쉽사리 분별되지 않는다. 바다처럼 숲도 형상들로 채워진 매개체이지만, 그곳은 동물 집단보다 종(형상)과 매개체 간의 밀도 차이가 훨씬 작다.

그러므로 동물들의 세계는 논리적인 세계에 훨씬 가깝지만, 식물들의 세계는 직관적인 세계를 대변한다.

직관의 세계에서는 사소한 부분도 신중하게 다뤄져야 한다. 습관적인 말 한마디 때문에 그 의미가 완전히 달라질 수도 있기 때문이다. 다른 사람들에게 뭔가를 전달하려 할 때, 우리는 그들을 논리의 영역에 출두시켜 '언어'라는 도구를 사용해야만 한다. 예를 들어, "이것 좀 봐" 하는 말은 우리를 좀더 논리적이고 분별적으로 만든다. 그러나 신이 "이스라엘아, 들으라!" 하고 말했을 때, 그는 우리를 숨겨진 세계로 데리고 갔다. 우리는 "가슴을 봐"라고 말하는 대신에, "가슴에 귀를 기울여봐" 하고 말해야 한다. 저 너머의 숨겨진 영역 안에서, '보는' 능력으로 잡아낼 수 없는 무언가에 접근하려면 '들어야' 하기 때문이다.

숨겨진 영역에 정당하게 참여하고 직관력을 키우는 방법이 있다는 사실을 알아야 한다. 그러나 드러난 세계에서 통용되는 통제의 방법들은 이 영역에 어울리지 않는다. 그런 의미에서 위의 이야기는 중요한 사실을 시사하고 있다. 의도적인 선택과 추론으로 숨겨진 영역을 대할 때마다, 숨겨진 영역과의 관계는 더욱 꼬이게 된다.

논리는 오히려 지배력을 약화시킨다. 숨겨진 현실에 논리적인 조건을 적용하려는 욕망은("이 사람에게 기부한 행위가 복을 가져왔으니, 더 권위 있는 사람에게 기부하면 엄청난 복을 받을 거야") 지금까지의 교류에 큰 장해물이 되었다. 다른 말로 하면, 이야기 속의 부자는 숨겨진 영역과의 관계에 형상을 애써 끌어들였고, 그 형상적인 차원에 속박되자마자 관계는 끝이 났다. 그가 매개체를 인식했을 때("저 랍비는 가난해, 내가 도와야 해"), 그는 형상에 대한 어떤 인식도 없이 그저 적절히 노력했을 뿐이었다. 그러나 결국에는 형상을 독점하려 한 탓에 숨겨진 세계와의 연결고리를 잃어버리는 처지가 되었다.

바보들에게 배우라

이디시 작가 숄롬 알레이헴Sholom Aleichem은 이젠 유대 민속에서 전설이 되어버린 '헴Chelm'이라는 마을을 창조했다. 이 마을은 어느 날 벌어진 불행한 사건과 연관이 있다. 이승에 영혼을 분배하는 역할은 황새가 맡고 있는데, 언제나 지역마다 정확한 비율로 현명한 영혼과 어리석은 영혼을 떨어뜨린다. 그런데 이 황새가 그만 실수로, 헴이라는 마을에 어리석은 영혼이 가득 담긴 자루를 엎지르고 말았다. 따라서 이 마을은 어쩔 수 없이 바보 중에서 지도자와 랍비를 뽑아야만 했다. 그 이후로 헴은 바보들이 모여 사는 곳으로 유명해졌다. 그리고 이 마을에서 일어나는 부조리한 상황들은 세상 사람들에게 거대한 가르침을 전하는 원천이 되었다.

이제, 헴을 한번 방문해보자. 마을의 랍비가 우리의 안내자 역할을 할 것이다. 우리는 질문거리를 가져온 마을의 한 주민과 그에 대한 랍비의 날카로운 대답을 엿듣는 것으로 이 여행을 시작하려 한다.

"바닷물은 왜 짜죠?"

랍비는 자신만만하게 대답했다.

"그것도 모르다니! 바다는 짭짤한 청어 떼로 가득하지 않은가."

"그럼 남자는 왜 턱수염보다 머리가 먼저 하얗게 셀까요?"

랍비는 수염을 쓰다듬으며 대답했다.

"당연하지! 생각해보게, 머리카락은 턱수염보다 적어도 13년은 나이가 많지 않은가."

"그럼 개는 왜 꼬리를 흔들지요?"

랍비는 씩 웃으며 말했다.

"그것 역시 쉬운 질문이구먼. 개보다 꼬리가 가벼우니 꼬리를 흔드는 게지. 개가 꼬리보다 가볍다면, 꼬리가 개를 흔들지 않겠나?"

여기에 무릎을 치게 하는 헬름 논리가 또 하나 있다.

헬름의 두 남자가 산책하러 나갔다. 한 사람은 우산을 챙겨 갔지만 다른 사람은 그러지 못했다. 그런데 중간쯤 걸었을 때, 비가 오기 시작했다. 우산을 챙겨오지 못한 남자가 말했다.
"우산을 펴세요."
"그래봤자 소용없어요."
"소용이 없다니, 무슨 말이죠? 우산 아래서 비를 피해야죠!"
"그렇지만 이 우산은 그물처럼 구멍이 숭숭 뚫려 있는걸요."
"그럼 그걸 왜 가져왔죠?"
"진짜로 비가 올 줄은 몰랐으니까요!"

헬름은 단순하게 파악할 수 있는 장소가 아니다. 또한 한 유대 작가의 민속적 상상력에서 빚어진 허구라고 단정할 수도 없다. 오히려 그곳에는 연구자들이 득실댄다. 기호학자, 논리학자, 정신분석학자, 심지어 초심리학자(parapsychologist)들까지도 바보들이 활보하는 이 숨겨진 세계를 조사한다. 왜냐하면 바보들이 사는 세계는 바다와 같이 매개체의 밀도가 높은 곳이기 때문이다. 그곳의 형상들은 지체 없이, 그리고 끊임없이 매개체와 섞여 희미해진다. 이제 이 동떨어진 마을의 바보들이 어떻게 종종 얻기 어려운 지식을 얻는 밀사가 되는지를 하나하나 살펴보자.

우선 숨겨진 세계에 해당하는 문제들의 성격은 다음의 세 종류 중 하나로 분류할 수 있다.

1. 인과관계의 반전
2. 문제의 의미가 변함
3. 문제 속에 숨겨진 요소가 드러남

인과관계의 반전은 앞에서 제시된 헴 마을의 이야기에서 모두 발견된다. 각각의 질문이 주어질 때마다, 랍비가 본래 질문에 대한 대답의 파생물로서 새로운 질문을 덧붙였다는 사실을 떠올려보라. 인과관계를 따질 때 인간의 주관이 개입하게 되면, 바다를 짜게 만드는 것은 청어 떼라는 답이 나올 수 있다. 드러난 세계에서 관찰하고 있는 사람이라면 이 우스꽝스러운 답변에 웃음을 참지 못할 것이다. 그러나 뒤에서 살펴보겠지만, 문제는 바보스러움이 합리주의자의 입을 다물게 할 정도의 효율성을 성취할 수도 있다는 점이다.

계속해서 질문을 정정해가는 것은 실존적이지만(다시 말하지만, 대답을 정정하는 것이 아니다), 호기심만을 충족하기 위한 질문은 대답을 얻지 못하는 채로 남는다. 만약 호기심에 의한 질문을 실존적인 질문인 양 꾸미더라도, 그것은 하나의 대답으로 변모하여 또 다른 논리적인 질문을 끌어들일 것이다.

"개는 왜 꼬리를 흔드는가?"

이 질문은 신체 구조에 대한 설명, 즉 흔히 생각해낼 수 있는 유형의 대답을 이끌어내려는 질문이다. 그러나 바보를 놀릴 수 있는 방법은 없다. 호기심에 의한 질문을 얼마나 많이 변장시킬지라도, 바보들은 언제나 그것을 어리석게 변형시켜서 발가벗길 것이다. 그리고 이런 어리석음이 숨겨진 영역의 실존적 관점을 드러낼 것이다. 문제는 바보들이 질문을 거꾸로 파악하고 그것을 변형하더라도, 그들은 결국 그 어리석은 측면이 아니었다면 철저히 파악되지 못했을 대답을 향해 다가간다는 점이다. 한마디로, 어리석음은 어떤 합리적 관점보다도 사물의 숨겨진 영역을 더 잘 밝혀낸다.

매개체가 형상 자체보다 더 부각되는 두 번째 경우에서도 역시 어리석음이 핵심적인 역할을 한다.

> 헴에 사는 두 남자가 해와 달 중에 무엇이 더 중요한지를 두고 다투고 있었다. 한 남자는 해가 달보다 더 크고 밝으니 당연히 해가 더 중요하다고 주장했다.
> 그러자 다른 남자는 이렇게 주장했다.
> "틀렸어! 달이 해보다 더 중요해. 밤은 너무 어두우니까 달빛이 없으면 우리는 코앞에 뭐가 있는지도 모를 거야. 그렇지만 해는 낮에 비치잖아. 낮은 이미 밝은데 말이야!"

여기서 논리는 매개체(빛) 속으로 녹아들어버린다. 어리석기 짝이 없는 대답이 해와 달의 '실존적' 중요성을 부각함으로써 애초의 의문은 희미해져버렸다. 인간에게는 달이 '당연히' 더 중요하다. 왜냐하면 인간이 더 많은 두려움을 느끼는 바로 그때 달이 있어서 그것을 덜어주니까. 이런 관점에서 보면 해는 별로 도움이 안 된다. "해는 훤한 대낮에만 비추기" 때문이다. 그리하여 우리가 논리적으로 기대했던 바보다는 매개체 — 우리 인간의 큰 관심사인 두려움 — 가 더 두드러지게 부각되어버렸다. 바꿔 말해서, 유심히 들여다보기만 하면 '바보 같은' 소리로 간단히 치부해버릴 수 있는 이야기 속에 인간사에 대한 많은 가르침이 담겨 있는 것이다.

세 번째로, 문제 속에 숨겨진 요소가 드러나는 경우는 아래의 이야기에 잘 표현되어 있다. 에셀Ethel과 그녀의 남편 샘Sam이 침대에 누워 있는 장면으로 가보자.

창문이 조금 열려 있었다. 그리로 쌀쌀한 겨울 외풍이 들어오자 에셀은 곧 추위를 느꼈다. 하지만 샘은 아내의 추위를 알아차리지 못하고 옆에서 코를 골며 자고 있었다.

더 이상 추위를 견딜 수 없었던 에셀은 남편을 흔들어 깨워 불평을 했다.

"샘! 추운 날씨잖아요. 가서 창문 좀 닫아요!"

샘은 꿈쩍도 하지 않았다. 하지만 에셀은 점점 더 세게 남편을 흔들었다.

"일어나서 창문 좀 닫으라고요. 밖은 정말로 춥단 말이에요!"

이제 샘은 잠이 다 깨버렸다. 그리고 불같이 화를 냈다.

"내가 창문을 닫으면 바깥 날씨가 따뜻해지기라도 한단 말이야?"

또다시 어리석음이 진짜 문제를 끄집어냈다. 그것은, "맙소사! 이 집구석에선 잠도 편안히 못 자겠군!"이라는 불평이었던 것이다. 논리와는 거리가 먼 샘의 반응이 "바깥이 춥다"는 에셀의 핑계 뒤에 감춰져 있던 영역을 폭로해냈다. 이 표면상의 문제에 대한 샘의 대답은 아내의 양식에 의문을 제기하는 그의 방식 속에 들어 있다. 이 양식은 추우냐 더우냐 하는 것과는 아무런 상관이 없고 다만 밤중에 사람을 깨우는 것이 옳으냐 그르냐 하는 것에 관한 것이다.

이처럼 우리가 매개체가 만들어낸 어떤 특정한 형상들보다 매개체 자체에 주목할 수 있을 때, 어리석음은 현실에 대한 해석을 돕고 지식을 산출한다.

또한 어리석음은 의식의 특정한 수준을 밝혀내는 능력이 있다는 점에서 독특하다. 헴의 또 다른 이야기를 살펴보자.

헴의 한 남자가 가족을 떠나 큰 도시에서 살기로 결정했다. 도시 생활에 대한 호기심은 그를 사로잡았고, 그는 용기를 내서 떠날 준비를 마쳤다. 그는 어떤 기숙사에서 여행의 첫날밤을 보내게 되었다. 그리고 잠자리에 들기 전에, 내일 출발할 방향을 향해 신발을 바닥에 놓아두었다. 그런데 그 기숙사에 살던 한 사람이 그를 곯려주려고 신발의 방향을 뒤집어 그가 온 곳을 향하게 해두었다.

헴에서 온 남자는 다음 날 일어나서 신발이 가리키는 방향을 확인하고는, 그 신을 신고 대도시를 향해 출발했다. 놀랍게도, 그 도시는 생각처럼 크지 않았다. 정확히 말하면 고향과 별다를 바가 없어 보였다. 정말 놀랍게도 그는 고향에서 본 것과 똑같은 거리와 집을 보았고, 심지어는 고향에 두고 떠나온 가족들과 똑같은 사람들을 만나게 되었다. 그는 이 대도시에서 잘 적응하며 살다가 늙어 죽었다.

그는 어리석었고, 모든 걸 포기하고 여행을 떠났으므로, 진짜 삶의 공간을 찾을 수 있었다. 대도시는 지금 여기에 있다. 신발을 뒤집어놓은 '운명'이라는 논리와, 활을 쓴 후에 과녁을 그리는 반전의 논리는 삶이 제공하는 많은 가능성에 관해 알려준다. 그의 꿈은 이루어졌다. 헴에서 온 그 남자는 더 넓고 깊은 수준에서 대도시를 찾았고, 삶은 그에게 달콤한 운명을 주었다. 이 모든 것은 숨겨진 세계와 소통하고 매개체를 이해한 그의 능력 때문에 가능한 일이었다(그에게 '여행'은 그저 하나의 수단일 뿐이었다).

어리석음도 수단이 된다

제3영역 안에서 어설픈 현자는 쓸모가 없다. 숨겨진 차원에서는 어설픔이 너무나 돋보여서 그런 사람은 핀잔이나 받기가 십상이다. 독일 작가 베톨드 아우바흐Berthold Auerbach는 이런 말을 남겼다.

"쇼윈도에 상품을 있는 대로 다 내놓는 사람들이 있다."

그들은 현실적이고 논리적인 영역 속에 있는 것들하고만 관계를 맺을 수 있다. 또한 19세기 유머 작가 모리츠 사피르Moritz Saphir는 "똑똑한 사람들은 향기 나는 장미와 같다. 한 송이의 꽃향기를 맡았을 때는 기분이 좋지만, 꽃다발의 향기를 맡으면 두통이 생길지도 모른다"고 꼬집었다.

숨겨진 영역에서는 완전한 현자와 완전한 바보만이 살아남는다. 그런데 세상에는 현자보다 바보가 훨씬 많기 때문에, 숨겨진 비밀을 밝혀낸 바보의 이야기가 더 많이 전해진다.

아래의 이야기도 꽤 의미심장하다.

전설에 따르면, 중세에 한 교황이 모든 유대인을 로마에서 추방하라는 명을 내렸다. 당시 로마에서 쫓겨난다는 말은 대대손손 무지하고 거친 농사꾼으로 살게 됨을 뜻했으므로, 유대인들은 큰 걱정에 휩싸였다.

교황은 한 번만 기회를 달라는 유대인들의 간청을 받아들였다. 그러나 교황은 매우 이상한 조건을 내걸었다. 교황은 자신의 대리인을 내세우고는, 어떤 유대인이라도 좋으니 손짓발짓으로만 논쟁을 해서 대리인을 이겨보라고 명했다. 그 유대인이 이기면, 모든 유대인에게 로마에서 살 권리를 줄 것이다. 그렇지 못하면 모두 로마를 떠나야 한다.

유대인들은 교황이 대체 무슨 능력을 시험하려는 속셈인지 알 수 없었다. 교황이 직접 논쟁을 판결할 것이며, 패배자는 처형을 당하게 된다. 어떻게 그런 조건에서 맞붙어 이길 수 있단 말인가! 유대인 중에 어느 누구도 그 역할을 맡고 싶어하지 않았다.

그때 시나고그synagogue(회당)의 한 관리인이 그 논쟁에 나서겠다고 자원했다. 사람들은 그 관리인이 별수 없이 죽게 되리라고 생각했다. 하지만 어쩔 도리가 없었다. 관리인을 죽음의 운명에서 구해낼 수도, 망명 생활을 피할 방법도 보이지 않았다. 그러기는커녕, 유대의 학자들조차 그 논쟁에 대한 어떤 대비책도 생각해내지 못했다.

드디어 논쟁을 벌이기로 한 날이 되었다. 사람들은 경기장에 앉아 무거운 침묵을 지키고 있었다.

교황의 대리인은 손가락 하나를 들어 올려 하늘을 가리켰다. 그러자 유대의 관리인은 손가락으로 땅을 가리켰다. 교황의 안색이 변하기 시작했다.

교황의 대리인은 손가락을 다시 들어 올려, 똑바로 관리인의 얼굴을 가리켰다. 그러자 관리인은 재빨리 손가락 세 개를 펴서 침착하게 대리인을 가리켰다. 이제 교황의 안색은 정말로 불안해 보였다.

마지막으로 교황의 대리인은 주머니 깊숙이 손을 넣어 사과를 하나 꺼내더니, 교황에게 사과를 보여주었다. 그러자 관리인은 주머니에서 종이가방을 꺼내어 한 조각의 전병을 꺼냈다.

이를 지켜보던 교황은 논쟁이 끝났다고 선언했다. 관리인이 이겼다! 유대인은 로마에서 지낼 권리를 얻었다.

군중이 흩어질 때 교회의 수장이 외쳤다.

"교황 성하! 왜 판결에서 그 유대인의 손을 들어주셨습니까?"

그러자 교황은 이렇게 대답했다.

"저 사람은 논쟁의 달인이요. 내 대리인이 손을 들어 천상을 가리키며 신이 만물을 지배한다고 말하자, 그는 땅을 가리키며 마찬가지로 악마도 의지대로 세상을 지배한다고 말했소!

그리고 내 대리인이 하나의 손가락을 들어 신은 한 분뿐이라고 말하자, 그는 즉시 세 개의 손가락을 펼쳐 신의 세 가지 측면(삼위일체)을 말했소.

마지막으로 내 대리인이 사과를 꺼내 지구가 사과처럼 둥글다고 말하는 과학의 오류를 지적하자, 그는 전병 조각을 꺼내 지구가 평평하다는 성경 말씀을 드러내며 맞섰소."

한편, 유대인들은 축제를 열고 그 관리인을 위해 축배

를 들었다. 그리고 무슨 수로 교황의 대리인을 이길 수 있었는지를 물었다.

관리인은 대답했다.

"말할 것도 없어요. 그 대리인이 먼저 '유대인 녀석들, 어서 로마 밖으로 꺼져!'라고 손짓을 했죠. 그래서 저는 아래를 가리키며 '누구 맘대로. 우리는 계속 여기서 살 거야!'라고 말했어요.

그리고 그가 손가락 하나를 펴서 나를 가리키며 또다시 '유대인들, 모두 꺼져버려!' 하기에, 저는 세 손가락을 펴서 그를 가리키며 말했죠. '너나 세 번 꺼져. 우리는 계속 여기서 지낼 거야!' 하고 말이에요."

놀란 사람들이 물었다.

"그러고는?"

"그리고 그 녀석이 자기 점심거리를 꺼내기에, 저도 제 것을 꺼냈죠!"

그 바보는 엉터리 같은 방식으로 불가능한 일을 해냈다. 어설프게 아는 체하는 태도와 반쪽짜리 지혜를 버림으로써, 그는 '불가능'이라는 우리의 생각이 사실은 얼마나 근거 없는 개념인지를 보여주었다. 어떤 현자도 그 논쟁에서 관리인이 이길 거라고 감히 상상하지 못했다. 그러나 그가 새로운 관점(현실의 다른 차원)에서 '유대인은 이길 것이다'라고 굳게 확신했을 때, 승리는 너무도 당연하게 그의 것이 되었다. 그 바보의 분노는 위험 요소가 아니었다. 오히려 분노는 '지식'이라는 압력 앞에서도 움츠러들지 않도록 용기를 주었고 결국 승리를 불러왔다. 그의 논리는 빈약했지만 효과적이었다. 비록 완전히 틀린 해석이었지만, 그 해석은 결정적인 상황이 되었을 때 더욱 강력한 힘을 발휘했다.

바보는 모르는 채로 안다. 생각해보라. 바보는 형상과 대답을 추구하려는 욕망에 휘둘리지 않는다. 대신 그는 매개체를 찾아내고는 자신만의 해석을 내놓는다. 반면에 형상과 분별력에 집착하는 반쪽짜리 현자는 분별되지 않은 것들의 정당성에 놀라버린다.

간단히 말해서, 바보의 현실 해석에 주의를 기울이면 드러난 세계에서는 발견할 수 없는 결과를 이끌어낼 수 있다. 바보들은 숨겨진 세계 속에서 자신만의 논리를 펼친다. 그런 이후에야 반쪽짜리 현자는 드러난 세계 속에서 해답을 보게 된다.

어리석음은 하나의 수단이다. 어리석음과 우직함은

불가능의 경계를 허물게 하는 도구다. 이디시 속담에 이런 말이 있다.

"일이 너무 많아 도저히 다 해낼 수가 없을 때에는 잠이나 자라!"

"잠이나 자라"는 이 말은 지치고 낡아빠진 사고방식에 찌들지 않은, 신선한 에너지를 공급받을 수 있는 하나의 전략을 보여준다. 이 방법은 우리의 순수한 면이 살아나서 매개체와 환경을 이해할 수 있게끔 하고, 이 지점에서야 우리는 우리의 사고와 판단 과정이 '영민'과 '총명'을 찾아 더듬다가 필경은 스스로 함정 속에 갇혀버리곤 하는 악순환을 간파할 수 있게 된다.

판단은 실행에 옮겨야 한다

이쯤에서, 나는 '과감한 결정'이 제3영역에서 현실 파악과 이해의 토대가 된다는 사실을 증명해주는 실화를 들려주고 싶다.

참고로 덧붙이면, 유대 전통에서는 결혼식 전날이 신부에게 가장 위험한 날이라고 생각한다. 그래서 결혼식 전날에 뭔가를 빼어가려는 악마의 수작으로부터 신부를 지키려고 누군가가 보초를 서는 풍습이 생겨났다. 솔로몬 안스키Solomon Anskys는 이런 풍습에서 영감을 얻어, 악마의 영혼에 사로잡힌 한 신부를 구해내는 줄거리의 희곡 〈디부크Dybbuk〉를 발표하기도 했다.

그리 멀지 않은 과거만 해도 신부들은 대개 어린 소

녀들이었기에, 부모를 떠나 결혼식에서 처음 본 남자와 새로운 삶을 시작하는 일에 상당한 부담을 느꼈다. 따라서 이들에게 심리적 위기나 정신발작이 일어나는 것은 그리 낯선 일이 아니었고, 결국엔 이런 풍습까지 생겨나게 된 것이다.

어느 마을에서 있었던 일이다. 결혼식을 앞둔 신부의 집 뒤뜰에서 비명이 들렸고, 사람들은 모두 오싹한 공포를 느꼈다.

마을 사람들은 젊은 여자의 결혼식 전날 뒤뜰에서 들려온 오싹한 소리에 큰 관심을 보였다. 마을의 랍비는 무슨 일이 벌어지고 있는지 확인하려고 즉시 현장으로 달려왔다.

그 집에 도착했을 때, 랍비는 뒤뜰에서 들려오는 소름끼치는 음성을 듣고 몹시 놀랐다. 그는 혼자 조사하기에는 너무 위험한 일이라 판단하고, 대신 온 동네에 바보라고 소문난 녀석을 불러서 소리의 정체를 알아오도록 했다. 랍비는 지금 마을이 위험할 뿐만 아니라 해결하기도 어려운 문제에 직면했다고 확신했다.

바보는 곧 끔찍한 소리가 나는 뒤뜰로 보내졌다. 그리

고 잠시 후에 그는 아무 문제 없이 되돌아왔다. 사람들은 무슨 일인지 궁금해서 바보를 향해 뛰어갔고, 그는 조금도 걱정할 필요가 없다며 침착하게 설명했다. 그 바보에 따르면, 그 소리는 정말 아무것도 아니었다. 오래된 나무가 하나 쓰러져 있는데, 바람이 불 때마다 속이 비어 있는 부분이 울려 그런 오싹한 소리가 났던 것이다. 단지 바람이 썩은 나무를 통과할 때 생기는 기괴한 소음일 뿐이었다.

그러자 랍비를 제외한 모든 사람이 안심했다. 하지만 랍비는 주변 사람을 모아 이 마을을 떠나야 하니 빨리 짐을 싸라고 말했다. 랍비가 보기에 그 소리는 아주 명백한 신호였다. 사람들은 영문을 모르면서도 일단 랍비의 말을 따라 길을 나섰다.

실제로 이 이야기는 작은 마을의 지도자였던 어느 폴란드 랍비의 일화다. 그리고 다행히도 그가 이끈 무리는 그로부터 머지않아 마을에 들이닥친 나치의 폭정을 피할 수 있었다.

랍비에게 그 소리는 진짜 울음소리로 들렸다. 그 울음소리는 미래에서 온 것이었으며, 미래의 끔찍한 광경을 경고하는 분명한 신호였다. 그 울부짖음은 진짜였다. 그런데 랍비는 손에 쥔 정보만 가지고 어떻게 이 모든 사실을 알 수 있었을까?

그 사건을 다시 살펴보자. 결혼을 앞둔 신부의 집 뒤뜰에서 끔찍한 소리가 들렸다. 이것이 정보의 첫 번째 조각이다. 바보가 들어갔고, 그는 확신에 차서 자연현상일 뿐이라는 그럴듯한 해석을 갖고 돌아왔다.

그러나 랍비는 의심했다. 랍비는 '어리석음'이 숨겨진 세계를 들여다보는 수단임을 알았기에 바보의 처지에서 다시 생각해보았다. 뒤뜰을 살펴본 바보는 환상과 미신이 뒤섞인 황당한 이야기를 갖고 돌아오는 대신 전혀 '바보스럽지 않은' 결과를 갖고 왔다. 즉, 드러난 세계의 드러난 영역(제1영역)에서 인정받을 만한 추론을 해낸 것이다. 그러나 바보들은 제1영역을 제대로 보지 못하기에 바보라 불리지 않는가. 그러므로 랍비는 지금 제1영역처럼 보이는 것은 결코 사실이 아니라는 결론을 내렸다.

랍비는 바보가 숨겨진 세계와 접촉했다고 확신했다. 다른 사람들이 떠올리지 못했던 제1영역에 어울리는 감각을 바보에게 제공한 것은 바로 숨겨진 영역이었다.

이제 우리는 랍비가 똑똑한 사람들도 겁내는 곳에 바

보를 보낸 일이 결코 잔인한 행동이 아니었음을 이해할 수 있다. 바보는 유용한 도구였다. 바보의 순박함 덕에, 그 랍비는 숨겨진 요소들의 정체를 알아볼 수 있었다.

일단 이유를 묻지 말고 떠나라는 랍비의 명령은 숨겨진 정보를 드러난 현실에 적용하는 현자의 탁월한 능력을 반영한다. 그리고 사람들은 그 모호함을 존중했고, 이런 관점이 결국 그들을 살렸다.

현자는 바보의 타고난 천성을 존중했고, 그가 지나치게 논리정연하다는 점을 간파했다. 한편 마을 사람들은 현자의 타고난 천성을 존중했고, 그의 지시에는 뭔가 뜻이 담겨 있을 거라는 사실을 받아들였다. 이처럼 가치를 뒤집음으로써(바보가 현명하게 말하고 현자는 미신적으로 말했다), 마을 사람들은 드러난 영역 속에서는 찾을 수 없는 정보를 획득했다.

실제로 이런 지식을 얻는 데는 정해진 공식이 있다. 가치를 뒤집고 어리석은 논리를 적용하려면 제3영역을 꿰뚫는 도구의 사용법을 아는 것이 필수적이다. 우리 각자의 마음속에 있는 어리석음이 바로 그 도구의 역할을 한다. 순진함, 감정, 예감, 꿈, 반복적인 상상, 과거의 신비한 일, 우연의 일치…. 우리는 이런 정보를 이해하고 효과적으로 활용할 수 있다.

물론 주의가 필요하다. 곧, 제3영역에서 끄집어낸 정보를 제1영역으로 번역해내는 데에 지혜라는 요소가 개입되지 않는다면 그것은 한갓 바보짓으로 그쳐버릴 수도 있는 것이다. 바보는 정보를 가지고 있어도 그것을 써먹을 줄을 모른다. 우리 앞에 나타나 끊임없이 맴도는 정보들을 알아차리려면 분별력과 겸손을 갖추어야 한다. 바보는 때를 맞추지 못하고, 어설픈 현자는 요긴한 정보를 쓸모없고 어리석은 것으로 깎아내리기 때문이다. 어쩌면 내면의 바보를 적절히 부리는 것보다, 내면의 현자를 문제해결의 협조자로 제대로 써먹는 일이 더 어려울 수 있다.

아무튼, 이처럼 제3영역은 절대적으로 중요하다. 폴란드 작은 마을의 생존자들이 그 증인이다. 이 이야기에서 보았듯이, 제3영역의 요소들은 제1영역에서 드러나고 실현될 수 있다. 제3영역에 속한 인식의 파편들은, 위의 이야기와 같이 어떤 행동 계획을 구체화하는 데 결정적인 도움을 준다.

지금껏 살펴본 모든 영역, 즉 제1영역, 제2영역, 제3영역은 전부가 되었든 일부분이 되었든 드러나 있는 현실이다. 그러나 4부에서 우리는 이제 더 이상 선험적인 분별이 없는, 분별심에서 나온 어떤 행동양식도 존재할 수 없는, 가장 깊숙이 감춰진 새로운 차원으로 들어갈 것이다.

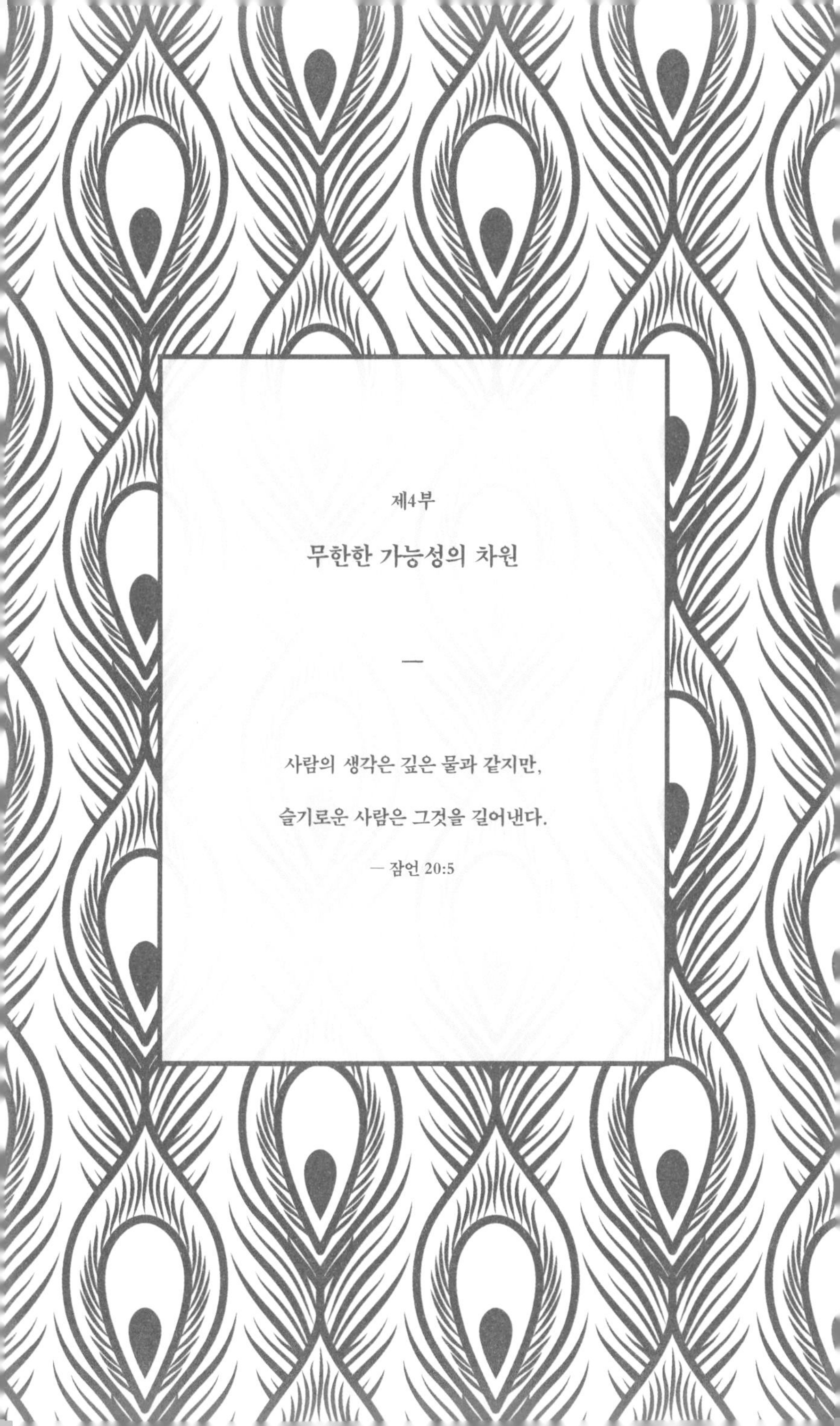

제4부

무한한 가능성의 차원

—

사람의 생각은 깊은 물과 같지만,

슬기로운 사람은 그것을 길어낸다.

— 잠언 20:5

숨겨진 세계의 숨겨진 영역

숨겨진 세계의 숨겨진 영역(제4영역) 속에서, 파스칼의 유명한 경구는 빛을 발한다.

"마음은 이성理性이 아무것도 모른다는 사실을 알고 있다."

이 영역에서는 눈에 보이는 요소들의 흔적을 전혀 찾아볼 수 없으므로 분별이라는 전략이 통하지 않는다. 모든 것이 숨겨져 있고, 모든 것이 지식의 너머에 있다. 우리는 왜 굳이 이 영역을 '과수원'에 포함해야 하는지 의문을 가질 수도 있다. '과수원'이란 인간이 배우고 학습할 수 있는 모든 영역을 통합하여 부르는 말이 아닌가.

그러나 제4영역은 여전히 밝혀질 수 있는 차원이고,

접근 가능한 곳이다. 단지 이곳은 '이성'이 아니라, '행동'으로만 가까워질 수 있다.

이 문제를 다루며, 마틴 부버는 인간 경험을 두 가지 요소로 해석했다. '분별'과 '참여'가 그것이다. 행동은 참여의 수단임과 동시에 그에 앞선 분별에 의존하고 있다. 부버에 따르면, 분별이 있는 곳에는 그 결과로서 참여가 나타나며 그 역도 성립한다. 즉, 참여도 분별을 일으킨다. 우리가 깊은 차원에서 무언가를 이해하려 할 때, 말하자면 무언가를 내면화할 때, 그것은 우리의 행동과 사고방식에 동시에 영향을 끼친다. 드러난 영역이 보여주는 바가 그러하다. 그러므로 우리는 미리 숨겨진 측면을 파악하고 그것을 구체적인 행동으로 실현함으로써 존재와 사고의 방식을 변화시킬 수 있다.

이런 혁명적인 발상은 어떤 행동이라도 분별력에 영향을 끼친다는 추론의 토대 위에 있다. 즉, 우리는 행동을 통해 숨겨진 차원을 꿰뚫으며 드러난 세계에 사로잡힌 분별을 해방한다.

랍비 잘만 샤흐터 샬로미Zalman Schachter-Shalomi는 한 제자와 지혜에 관한 문답을 주고받았다.

"지혜와 명민함과 이해력은 어떻게 얻어집니까?"

"훌륭한 감각과 판단력을 통해서다."

"훌륭한 판단력은 어떻게 얻습니까?"

"좋은 경험을 통해서다."

"그럼, 좋은 경험은 어떻게 얻습니까?"

"나쁜 판단을 통해서다."

경험하고, 행동하고, 오류를 일으킴으로써, 우리는 '이성'이라는 불모의 땅에 정보를 투여할 수 있게 된다. 즉, 적극적인 참여가 제4영역을 꿰뚫는 분별력을 길러낸다.

유대 전통이 서구 사회에 전한 유산 중 하나가 바로 이런 역발상이지만, 지금껏 문제해결에 제대로 이용되거나 적용되지 못해왔다. 유대인들은 '바다를 갈라지게 하는' 기적의 비밀을 발견했을 때 통찰을 얻었다. 유대 해석가들에 따르면, 바다가 갈라질 수 있었던 이유는 출애굽기 24장 7절에서 찾을 수 있다. 그때 유대인들은 모세에게 만물이 신의 의지에 따름을 확인시켜주었다.

"여호와의 모든 말씀을 우리가 행하고 들으리다."

'들음'(분별)과 '행함'(참여)의 순서를 의도적으로 바꾼 이 발언이 바로 내가 지금 설명하고 있는 혁신적인 발상의 전형이다. 익숙한 행동양식과는 순서가 뒤집힌 유대인들의 관점은 이처럼 궁지에 몰렸었던 그들의 역사에서 비롯되었다.

전해오는 이야기에 따르면, 헤엄을 못 치던 나손Nachshon이라는 이름의 남자가 먼저 뛰어내렸고 곧 바다는 갈라졌다. 바다를 갈라지게 한 것은 그의 '행동'이었다. 인간의 지각이 본질적으로 얼마나 덧없든 간에, 그때부터 인간은 지각이 추론이나 상상이 아니라 '존재(being)'에 의존하고 있음을 잊을 수 없게 되었다. 코츠크Kotzk의 랍비는 그런 진리를 더욱 간결하게 설명한다.

"세상에는 신의 신비를 탐구하고 관찰하고 숙고하는 현명한 학자와 철학자가 수없이 많다. 그런데 그들은 왜 지혜를 오히려 잃어가는가? 지성과 분별력이라는 덫에 사로잡히기 때문이다. 그러나 유대인들은 지성을 넘어 천상의 존재에 다다를 만큼 지각력을 높이는 강력한 도구를 가지고 있다. 그 도구는 무엇인가? 바로 신의 율법이다."

참여에 신성함이 덧붙여질 때, 지성과 감각을 초월한 차원의 인식이 가능해진다.

"가르치고자 배우는 사람은 배움과 가르침의 방법

을 얻게 된다. 그러나 실천하고자 배우는 사람은 배움과 가르침, 관찰과 실천의 방법을 모두 얻는다."(〈피르케 아보트〉 4:6)

그러므로 숨겨진 영역을 탐구하고 이해하는 자는 드러난 영역뿐만 아니라 드러나지 않은 영역까지 지배하게 된다.

제4영역의 이 비밀은 앞에서 살펴본 '질문과 대답의 자리바꿈'(제3영역)의 연장선 위에 있다. 이런 반전은 결심이 선행하고 행위는 그 뒤를 따른다는 전통적인 믿음을 뒤엎는다. 여기서는 반대로 행위가 결심에 영향을 끼칠 수 있다. 이것이 "우리는 행한 후에 들으리다"라는 말의 의미이며, 참지식의 세계 안에는 정해진 계층구조가 없다. 어떤 추론으로도 얻을 수 없는 지식이 '참여'로써 획득되는 것이다.

숨겨진 영역의 특성을 파악하면, 드러난 영역의 고정된 질문과는 달리 부단히 변하는 역동적인 질문에 답이 제시되는 과정을 이해하게 될 것이다. 아래의 DNA 연구 결과는 이런 역동적인 대답 과정을 잘 설명해준다.

과학계는 DNA의 복구 메커니즘을 발견해냈을 때 매우 흥분했다. DNA는 한 개체가 물리적인 형상으로 존재하는 데 필요한 모든 정보를 담은 복잡한 분자구조다. 만약 이 섬세한 암호에 변형이 가해진다면 그것은 즉시 해당 유기체에 반영될 것이다.

과학자들은 세포 복제기에 많은 DNA 오류가 발생한다는 놀라운 사실을 발견했다. 이런 오류의 발생은 극도의 효율성으로 진화를 이뤄가는 자연법칙에 어긋나는 일처럼 보인다. 어쩌면, 오류를 일으키는 구조에도 효율성이 숨어 있는 게 아닐까?

세포생물학자 미리엄 스템퍼Miriam Stampfer는 이렇게 설명한다.

"물질적인 정보를 암호화할 때 가장 효과적인 방법은 오류가 없고 고정적이며 안정된 재료를 사용하는 것이 아니다. 물리적 세계라는 테두리 안에는 천부적인 한계가 존재하기 때문이다. 오히려 DNA 복제 과정처럼 상당한 정도의 오류를 허용하고, 동시에 정밀한 오류 인식 · 개선 장치를 가동하는 것이 더 나은 결과를 얻는다. 다른 말로, DNA는 결함을 내재한 절묘한 시스템을 구축함으로써 물리적 세계의 한계에 대처하여 쉼 없이 자기보정을 해내는 완벽한 방법을 찾은 것이다."

이와 같이 우리 인간도 오류에 의지하는 방법을 이용해서 감추어져 있거나 두드러져 보이지 않는 것들로부터 배움을 얻어낼 수 있다. "나쁜 판단을 통해서 좋은 판단을 배우라"는 랍비 잘만의 말을 떠올려보라. DNA는 듣거나 판단하기 전에 행동한다.

어리석음과 실수를 인정하는 습관은 책과 이론적인

개념에서 얻어지는 지식보다 훨씬 더 나은 배움의 방법이 되곤 한다.

"지혜보다 행동이 넘치는 사람에게, 지혜는 지속된다. 그러나 행동보다 지혜가 넘치는 사람에게, 지혜는 지속되지 않는다."(〈피르케 아보트〉 3:12)

DNA는 존속하기를 원하므로, 분별보다는 행위에 착수한다.

생각이 경험을 토대로 이뤄지지 않는 한, 문제해결력은 발전하지 못한다. 분별의 한계를 인식하는 일이 중요한 첫걸음이다.

제4영역에서 그럴듯한 열매를 거두는 일은 결코 쉽지 않다. 여기서는 올바름이야말로 실패다. 올바름은 그저 확증될 수 있는 것을 확증할 뿐이다. 올바른 사람은 '올바르지 않은' 세계, 즉 숨겨진 놀라운 가능성의 세계를 접할 기회를 놓치게 된다.

앞에서 살펴보았듯이, 제1영역에서 상황을 파악하기 위해 손에 쥔 정보를 관찰하고 드러난 정보와 드러나지 않은 정보를 분별하는 일은 직역주의자의 몫이다. 반면에 제4영역에서는 실수를 허용함으로써, 현실을 이해하고 당신이 옳았음을 확인하게 된다(실수는 행동의 또 다른 가능성이다). 이때가 완전한 드러남(제1영역)과 완전한 숨겨짐(제4영역)이 마주하는 순간이다. 정보를 에워싼 무지가 드러난 영역을 이해하게 하듯이, 행동에서 비롯된 실수가 숨겨진 영역을 인식하게 한다.

완벽함은 허상이다

숨겨진 영역을 인식하려면 실수가 필요하다. 충분한 실수를 하지 않고서는, 그로써 얻어질 분별과 지혜를 사용할 수도 없다. 그런데, 실수 없이는 상황에 대처하고 문제를 해결하는 능력이 전혀 발달하지 못한다는 사실을 우리는 어떻게 확신할 수 있을까?

물론 일부러 실수를 하려고 애쓸 필요는 없다. 설령 우리가 헤엄을 칠 줄 모르면서 나손의 뒤를 따라 홍해로 뛰어들었더라도, 바다는 갈라지지 않았을 것이다. 이는 의심의 여지가 없는 제1영역의 현실에 비춰봤을 때("헤엄을 못 치면 바다에 뛰어들지 말라"), 되돌릴 수 없는 실수에 불과하다. 제1부에 등장했던 과수원에 들어간 네 명의 현자 중에서, 현실과의 연결고리를 잃은 탓에 죽음을 맞아야만 했던 현자가 이에 해당한다. 그는 헤엄을 치지 못해 죽는다. 문제해결 과정으로 보면, 이성적인 방법을 벗어난 해결책을 따르는 행위와 같다.

그러나 숨겨진 영역에서 교훈을 얻어내는 '참된 실수'는 이와 다르다. 그것은 우리가 분별력을 다 써버린 후에 일어나는 진정한 경험의 결과물이다. 그것은 이성적으로 떠올릴 수 있는 수단과 대안을 시도해본 이후에야 가능한 것이기에, 이집트인들은 똑같이 바다로 뛰어들었어도 아무런 결과를 얻지 못했던 것이다.

이처럼 성장을 촉진하는 참된 실수와 멀어질 때, 우리는 우울함을 느낀다. 삶을 온전히 경험하지 못하고 있다는 기분은 혼자 뒤에 처진 듯한, 귀중한 지식과 분리된 듯한 고통을 불러일으킨다.

숨겨진 지식은 분별력을 부정하지 않으면서도 다른 방식으로는 인식할 수 없는 정보를 제공한다. 아직 해결되거나 파악되지 못한 문제는 행동의 차원, 즉 숨겨진 차원을 통해서만 풀리게 된다.

코츠크의 랍비가 물었다.

"훔치지 말라 — 이 율법이 무슨 뜻이겠느냐?"

제자들은 대답했다.

"이웃의 물건을 탐하지 말라는 뜻임이 분명합니다."

"그렇지 않다."

랍비는 말을 이었다.

"이 말은 너 자신을 탐하지 말라는 뜻이니라."

'자신을 탐한다'는 게 무슨 뜻인가?

스스로를 넓게 열어두라.

자신을 꽁꽁 싸매서 삶으로부터 보호하는 것은, 분별력으로는 얻을 수 없는 자기 자신과 인생에 대한 교훈을 스스로 내버리겠다는 태도나 다름없다. 다른 사람의 경험에서 얻어진 지식은 전달될 수 없다. 그 지식은 고정된 정보가 아니라 특정한 상황에서 빚어진 실수(또는 무지)까지 포함하는 복잡미묘한 무엇이기 때문이다. 이런 지식의 본질을 이해하지 못한 채로 당신이 얻은 지식을 다른 누군가에게 전달하려는 노력은 허공을 가리키며 길을 알려주는 꼴과 같다. 기준점이 없기에 당신의 행위는 의미가 없다.

코브린Kobrin의 랍비는 이런 말을 남겼다.

"만일 내가 권능을 지녔다면, 너무 많은 지혜에 눌려 행동하지 못하는 현자들에게서 그 지혜를 다시 빼앗는 일을 했을 것이다."

이 랍비는 정보를 담는 그릇을 가진 사람과 경험이 부족한 사람은 하늘과 땅만큼이나 다르다는 사실을 말하고 있다. 숨겨진 차원과의 접촉(경험)에서 비롯된 깨달음과 피상적인 지식이 비교될 때 이런 차이점은 더욱 두드러진다.

자신을 인도해줄 스승을 찾아 나선 한 제자가 있었다. 하지만 스승은 단 며칠 만에 더 이상 가르칠 게 없으니 그만 떠나라고 명했다. 다른 제자들은 스승의 결정에 의문을 제기했다.

"그 짧은 기간에, 어떻게 복잡한 지식을 다 이해했겠습니까?"

스승은 이렇게 대답했다.

"그는 많은 양초를 갖고 나를 찾아왔다. 나는 하나의 양초에 불을 밝혀줬을 뿐이다. 그러자 그는 지금껏 자신의 길을 걸어왔듯이, 스스로 다른 양초들의 불을 밝혔다."

이 일화 속 양초들은 드러난 세계에서 불이 밝혀질 준비가 된, 숨겨진 영역의 지식을 의미한다. 정보를 담을 그릇으로서 이 양초들이 지닌 잠재력은 매우 중요하다. 이는 양초가 빛을 내기 때문이기도 하지만 그보다 더 나아가서는 이것들이 정당하기 때문이며, 불을 밝힐 준비가 된 모든 영역들을 인식할 수 있게 해주기 때문이다.

이 양초들은 '실수'와 '나쁜 판단'이라는 재료로 만들어진다. 이런 재료가 부족할 때, 우리는 진짜 바보가 되곤 한다. 빛날 준비가 된 양초들(숨겨진 지식)의 존재를 망각하게 된다. 그러나 양초들이야말로 숨겨진 영역과 분별력을 동시에 밝히고 제4영역의 깊은 창조성을 이끌어낸다.

더 나은 교육을 위하여

교육의 중요한 난제 중 하나는 분별과 참여를 어느 정도의 비율로 유지하는가 하는 것이다. 경험보다 분별에 치중한 교육이 이루어질 때 학생들은 우둔해진다. 빛나는 양초에는 큰 의미를 두지만 동일한 잠재력을 갖춘 주변의 양초들을 발견하는 일에는 무관심해지기 때문이다. 랍비 부남Bunam은 이런 상황을 꼬집어 말했다.

"내 교실이 학생들로 가득 차는 안식일마다, 나는 〈토라〉를 가르치는 것이 매우 어려운 일임을 느낀다. 학생들 하나하나는 〈토라〉를 자기만의 방식으로 이해해야 하고, 또 자기 고유의 방식으로 완성을 추구해가기 때문이다. 그래서 내가 무언가를 모든 학생에게 한꺼번에 가르쳐준다면 이는 곧 그들로부터 그것을 뺏는 셈이 돼버린다."

분별에 치중할수록 가르침은 줄어든다. 특히 여러 사람의 반복 경험에서 생겨나는 '일반화'는 행동의 세계, 즉 숨겨진 세계와 담을 쌓게 한다. 일반화는 세부적인 사항을 빼버리거나 과장함으로써 진정한 이해를 방해하는 거짓 교훈을 만들어낸다. 우리는 드러난 세계에 대해서만 말할 수 있다. 그 이면에는 엄연히 숨겨진 세계가 존재한다.

한 학생이 "아, 알았다!" 하고 외칠 때, 현명한 교사의 가슴은 철렁 내려앉는다. 일반적인 원칙을 움켜쥔 학생은 개인적인 경험에서 촉발되는 진정한 가르침에서 멀어진다는 사실을 알기 때문이다.

모든 사람을 위해 고안된 교육과정에 적합한 가르침들은, 오히려 그들에게 큰 짐이 된다. 랍비 멘델Mendel은 이런 말을 남겼다.

"옛 성인들의 이야기를 들려주던 한 마을의 할아버지 덕에 나는 유대 신비주의자가 되었다. 그는 알고 있는 모든 이야기를 들려주었고, 나는 그중에서 내게 필요한 것만을 받아들였다."

교사가 자신의 지식을 공유하고 학생들은 각자 필요

한 부분을 채우는 방법을 알 때, 비로소 지식은 경험의 영역으로 이동한다. 이런 교육은 제자들로 하여금 내면에 잠재된 '양초'를 발견하도록 이끈다. 교사의 불꽃은 하나의 양초만 빛내는 것이 아니라, 학생들에게 전해져 그들도 마음껏 불을 밝힐 수 있게 한다. 이때 교사는 양초를 만들어 빛을 밝히는 주체가 숨겨진 세계임을 잊지 않는다.

우리는 모두 빛을 밝히고 보존하는 자신만의 방법을 가져야 한다. 어린 제자가 진리 탐구를 향한 열정을 잃었다고 불평했을 때, 리진[Rizin]의 랍비는 이렇게 대답했다.

"너는 한밤에 안내자와 함께 숲속을 걷는 사람과 같다. 안내자가 사라지는 즉시 어둠이 숲을 뒤덮을 것이다. 그러나 네가 자신만의 빛을 밝힐 수 있다면, 어둠을 두려워할 필요가 없다."

이런 목적을 지니고 스스로 연구하는 교사만이 학생들로 하여금 각자의 양초를 밝히게 해줄 수 있다. 랍비 부남은 이렇게 말했다.

"나쁜 교사는 아는 바를 말하지만, 좋은 교사는 말하는 바를 안다."

교사의 그림자마저도 학생들의 사고방식과 분별력에

영향을 미칠 수 있다. 교사는 학생들을 현실에 참여시켜 경험을 내면화하도록 이끌면서 그 결과로 분별력을 키워 내는 역할을 맡고 있다. 볼키Vorki의 랍비 이착Yitzchak은 이 과정을 아래와 같이 설명했다.

> 긴 여행을 떠나고 싶었던 상인이 자신의 사업을 믿고 맡길 만한 직원 한 명을 고용했다. 일을 확실히 마무리 짓고자, 그는 상점의 옆방에서 일하며 몰래 귀를 기울였다. 첫해 동안, 그 직원은 손님에게 말하곤 했다.
> "사장님은 그런 할인을 허락하지 않으실 겁니다."
> 그래서 상인은 여행을 떠나지 않았다. 다음 해에는 말투가 조금 달라졌다.
> "저희는 그런 할인을 해드릴 수 없습니다."
> 상인은 이번에도 여행을 떠나지 않았다. 세 번째 해에는 이렇게 말하기 시작했다.
> "그런 할인은 해드릴 수 없습니다."
> 그제야 상인은 여행을 떠났다.

훌륭한 교사는 제자들이 각자 경험에 따라 분별하는 능력을 얻고 나서야 가르침을 멈출 수 있다. 제4영역에

즐겁게 접근하지 못한다면 지식은 유지될 수 없다. 숨겨진 요소가 부족한 지식은 현실에서 어떤 역할도 하지 못한다. 숨겨진 요소가 부족할 때마다 만물은 본래의 의미를 감춰버릴 것이다. 이것이 진정한 스승들이 '논리'로써 가르침을 전하지 않는 까닭이다.

> 사람들이 칼레브Kalev의 랍비에게 스승에게서 배운 바를 전해달라고 조르자, 그는 이렇게 대답했다.
> "스승의 가르침은 마치 감로처럼 내 몸에 들어왔고, 나는 그걸 고이 간직하고 있답니다."
> 그 비밀스러운 가르침을 더 알려달라고 사람들이 조르자, 그 랍비는 웃옷을 들춰 보이고는 외쳤다.
> "내 안을 들여다보시오! 내 스승의 가르침을 바로 찾을 수 있을 테니."

진정한 가르침은 논리의 영역이 아니라 가슴속, 즉 감정과 경험의 영역에서 자라난다. 제4영역에 해당하는 가르침은 '이해'되기보다는 '경험'된다. 〈예수살렘 탈무드〉에는 이런 말이 적혀 있다.

"스승에게 많은 것을 배웠으나, 그것은 동료에게 배운

바에 미치지 못하고, 제자들에게 얻은 깨우침과는 비교할 수조차 없다."

경험의 방식으로 가르치는 교사는 자신도 쉼 없이 성장한다. 실천하고자 배우는 사람은 분별력도 함께 얻게 된다.

버나드 쇼Bernard Shaw의 말을 기억하라.

"행할 수 있는 자는 몸소 실천하고, 행하지 못하는 자는 남을 가르치려 든다."

미지의 무한함을 즐기라

바알 셈 토브는 이런 말을 남겼다.

“지식의 가장 높은 단계에 도달했을 때, 나는 내 안에 단 한 글자의 가르침도 남아 있지 않음을 깨달았다.”

제4영역은 정복되지 않은 영역의 총합이다. 숨겨진 요소들은 기억이란 일종의 형상일 뿐이며 그 안에는 순수한 매개체가 존재하지 않는다는 사실을 알고 있다. 기억 속에서는 모든 것이 구체적인 특징에 의해 분류되고 기록된다. 반면 숨겨진 영역은 객관적인 기억 대신 주변 환경과 분위기 속에 흔적을 남긴다. 그 요소들은 물리적(냄새나 이미지)이거나, 감정적(때와 장소)이거나, 존재적(배신이나 새로운 사랑)일 수도 있다.

이런 요소 속에서 사는 사람은 어떤 순간에도 열린 상태로 삶을 경험하는 역동적인 사람이다. 반면에, 드러난 객관적인 지식에 고착된 관점은 사물을 형상 안에 가두어 기억 속에 욱여넣는다.

숨겨진 세계와 드러난 세계 간의 소통이 중요하다. 사람들은 이렇게 물을지도 모른다.

"드러난 세계는, 말 그대로 스스로를 숨김없이 드러내고 있잖아요? 오히려 숨겨진 세계가 드러난 세계에 혼란을 일으키는 게 아닌가요?"

또는 이렇게 말할 것이다.

"숨겨진 영역이 끝내 드러나지 않는다면 우리가 그걸 어떻게 이해할 수 있죠? 반대로 그것이 드러난다면, 감춰진 것이라는 본질 자체가 이미 변한 게 아닌가요?"

숨겨진 영역의 지식은 어떤 경우에도 스스로 드러나려고 하지 않으며, 일반적인(드러난) 형태의 지식과는 전혀 다르다는 사실을 이해해야 한다.

어느 유대 신비주의자의 제자들과 그들의 절친한 재가자 친구에게 벌어졌던 일이다.

제자들은 친구를 스승에게 꼭 소개하고 싶었지만, 고

집 세고 의심 많은 청년은 그들의 제안을 거절하곤 했다. 그러던 어느 날, 결국 제자들은 스승의 저녁 식사에 그를 참석시키는 데 성공했다.

식사를 하는 동안, 제자들은 환희에 차 있는 친구의 표정을 보고 깜짝 놀랐다. 후에 친구에게 이유를 묻자, 그는 감동 어린 말투로 대답했다.

"랍비께서 식사하시는 모습이 말야, 마치 여호와 성전 시대의 고위 사제처럼 빛나 보였거든."

당황한 제자들은 곧바로 스승을 찾아가 자신들은 보지 못한 모습을 어째서 그 의심 많은 청년만 발견할 수 있었는지를 물었다. 랍비는 이렇게 대답했다.

"그는 '보고' 싶어했다. 너희는 '믿고' 싶어했고."

'믿음'은 숨겨진 영역으로부터 나오는 표현이다. 사실 믿음은 숨겨진 것이 택할 수 있는 유일한 상징물이다. 왜냐하면 이성의 길로는 결코 숨겨진 영역에 도달할 수가 없기 때문이다. 숨겨진 영역으로부터 나오는 숨겨진 답이 드러난 영역에서 취하는 형태가 믿음인 것이다. 우리가 제3영역에서 끌어낸 직관을 다루든 제4영역이 재촉하는 행동을 다루든 간에, 어떤 것이 오로지 직접적인 경험을 거친 후에야 드러난 이치의 원흉인 '불연속성'은 우리를 이미 압도하고 있다.

제4영역에서 결과를 이끌어내는 일은 어렵지만 피해갈 수 없는 과정이다. 랍비들은 이것을 물을 분리하는 것만큼이나 어려운 작업이라고 표현한다. 우리는 논리의 부산물이라 여겼던 '확신'이 오히려 논리에 선행할 때, 혼란에 빠진 자신을 발견하게 된다. 그 확신은 모든 논리, 관념, 분별, 설명을 넘어선 텅 빈 마음에 근거를 두고 있다. 아무리 특별한 정보라도 이 지혜의 가치와는 비교될 수 없다. 그리고 우리는 충분히 이 텅 빈 마음을 분별할 수 있다. 아래의 이야기를 살펴보자.

볼보즈Volborz의 랍비는 얼마 전 죽은 지인의 유령을 보았다. 그 유령은 랍비에게 새로운 삶을 달라며 매달렸다.
"당신은 이미 이승을 떠났고, 이제는 혼란의 세계에 속한 존재라는 사실을 깨닫지 못한단 말이오?"
그 유령은 자신의 죽음을 받아들이지 못했기에, 랍비는 유령의 겉옷과 수의를 벗겨 확인시켜 주어야만 했다.

후에 이 이야기를 전해 들은 랍비의 아들은 이렇게 물었다.

"글쎄요…, 그걸 누가 확신할 수 있겠어요? 지금 저도 그런 혼란에 빠져 있는 건 아닌지 말이에요."

"걱정 말거라."

랍비는 아들을 안심시켰다.

"네가 그런 세계가 존재한다는 것을 인식하는 한, 넌 그곳에 있지 않으니까."

혼란의 세계가 존재함을 인식하고 있다는 바로 이 이유로 인해서, 당신은 제4영역을 여행하는 동안 자신의 지식이 '혼란의 세계'에서 나온 것이 아님을 안다. 이것을 아는 한, 그리고 이 세계에 몸을 던짐으로써 분별력까지 함께 던져버리지 않는 한, 당신은 혼란의 세계의 일부가 될 수 없다. 제3영역과 제4영역의 결실인 믿음과 직관은 과수원의 불가결한 일부로서 이성과 증거와 공존한다.

사고하는 자라면 누구나 직관하며, 또한 사고하는 자라면 누구나 믿음을 갖는다. 직관과 믿음은 각자의 앞에 놓인 세계를 이해하고 조직해가는 과정의 불가분한 일부다. 직관과 믿음은 매개체를 통해 그 세계를 부리고, 분별력은 잘 정의된 형상들을 통해 세계를 부린다.

〈피르케 아보트〉에 쓰여 있듯이, 현실 세계를 풍족하게 할 목적으로 과수원을 직접 탐험하려는 사람도 한편으로는 증거를 찾고 탐구한다. 중요한 점은, 그들은 교훈을 얻은 후에는 더 이상 그 증거에 집착하지 않으며 최종적으로는 직관과 무한한 가능성으로써 지식을 완성한다는 사실이다. 그 지식은 마치 반쪽짜리 오렌지 두 조각처럼, 서로 딱 들어맞지는 않지만 하나(마음)에서 분리되었음에 틀림없는 두 부분으로 구성된다.

분별(좌뇌)	제1영역	정보의 차원
	제2영역	상징의 차원
참여(우뇌)	제3영역	직관의 차원
	제4영역	무한한 가능성의 차원

"먼저 행동하라, 그러면 그것이 의문을 달리 생각하게 만들 것이다."— 이것이 숨겨진 세계의 제일가는 원칙이다.

'정보'를 갖고 접근한다면, 이미 풀어본 것과 비슷한 문제에 대해서만 해답을 얻을 수 있다. '상징'으로써 접근한다면, 그 본질을 찬찬히 살펴봐야만 풀어낼 수 있는 문제도 해결이 가능하다. '직관'으로써 접근한다면, 생생한 경험과 번뜩이는 아이디어로 처음 접하는 문제까지 해결할 수 있다. '무한한 가능성'으로써 접근한다면, 생생한 경험으로 상황을 완전히 반전시킬 수 있다.

첫 번째 사람은 드러난 정보만을 안다. 두 번째 사람은 자신의 무지를 안다. 세 번째 사람은 자신의 무지를 만회한다. 마지막 사람은 알려지기를 기다리고 있는 미지의 영역을 맘껏 누빈다.

'정보'와 '상징'이라고 명명된 차원을 이해하기는 쉽다. 비록 머릿속은 좀 복잡해지겠지만, '직관'이라고 명명된 차원을 발견하고 그 차원의 효율성에 수긍하는 것도 그리 어려운 일은 아니다. 하지만 '무한한 가능성'의 차원은 상당히 미묘하다. '무한한 가능성'으로써 활동한다는 말은 나름대로 삶의 원칙과 우선순위에 대한 기준을 가졌다는 뜻과 같다.

탁월한 문제해결력을 갖춘 사람일수록, 이 네 가지 차원에 통합적으로 대처하는 능력의 중요성에 깊이 공감한다. 예를 들어 기업체의 경우만 보아도, 기계로 대체될 수 있는 '정보' 차원의 직원이나 컴퓨터로 대체될 수 있는 '상징' 차원의 직원보다는 산 경험을 가진 직원, 이성보다는 기회를 놓치지 않는 탁월한 감각을 갖춘 직원을 더 높게 평가한다. '직관'과 '무한한 가능성'의 차원에서 활동하는 사람은 품위를 잃지 않으면서도 줄줄이 늘어선 문제들에 대한 전략과 해결책을 제안할 수 있다. 그들은 무지의 영역을 발판으로 삼고, 궁극적으로 무無에서 지혜를 창조한다. 아래의 이야기를 살펴보자.

어둠이 깔린 숲에서 한 남자가 길을 잃었다. 어두워질수록 그는 점점 더 불안해졌다. 한참 후, 그는 작은 불빛을 발견했고 그곳에서 랜턴을 든 사람을 보고는 안도의 한숨을 내쉬었다. 그는 자기를 구해줄 사람에게 다가가 말을 건넸다.

"당신을 만나다니 정말 다행이에요! 갑자기 어두워지는 바람에 길을 잃었답니다. 하지만 이젠 당신을 만났으니 걱정 없어요."

그러자 랜턴을 든 남자는 이렇게 말했다.

"미안하지만, 실은 저도 길을 잃었어요. 하지만 불안해하지 마세요. 당신이 헤맨 곳과 내가 헤맨 곳을 피해서 길을 찾아보면, 혼자 돌아다니는 것보다는 훨씬 더 빨리 여길 빠져나갈 수 있을 거예요."

첫 번째 남자는 랜턴을 갖고도 길을 잃었다는 말이 이해되지 않아 상대방에게 좀더 다가갔고, 곧 그가 장님이라는 사실을 발견했다.

"이런, 당신은 보지 못하잖아요! 그런데 왜 랜턴을 갖고 다니죠?"

"그 덕에 당신이 나를 발견할 수 있었잖아요!"

숲을 빠져나가려던 남자는 드러난 세계를 나타낸다. 시력(분별력)을 잃은 장님은 숨겨진 세계를 뜻한다. 그 둘은 힘을 합쳐 기회를 잡는다. 여기서 불빛은 '참여'(직관과 무한한 가능성)와 '분별'(정보와 상징)을 한자리에 모으는 계기가 된다. 장님이 랜턴을 들고 다니는 것은 오직 다른 사람의 주의를 끌기 위함이다.

우리의 우뇌가 문제를 풀 때, 거기에서는 불빛이 주변을 '밝히는' 용도로 사용되지 않는다. 대신 눈에 띄는 요소들을 찾아다니는 '논리'를 끌어당기는 데 쓰인다. '참여'를 촉진하는 우뇌에 있어, 불빛은 전혀 다른 의미를 지닌다. 우뇌는 다른 사람의 주의를 끄는 데 그 빛을 사용한다.

"주의 광명 중에 우리가 광명을 보리다."(시편 36:10)

즉, 불빛은 주변을 밝히기보다(이해, 정의, 해결) 새로운 불빛(새로운 질문, 탐구)을 끌어오는 도구가 된다.

〈탈무드〉를 공부하고자 찾아왔던 한 젊은이에 관한 이야기에서, 네 가지 차원의 차이점은 더욱 뚜렷하게 드러난다.

20대 중반의 한 젊은이가 저명한 랍비를 찾아왔다.

"〈탈무드〉를 배우고자 선생님을 찾아왔습니다."

랍비가 물었다.

"자네, 아람어를 아는가?"

"아니요."

"히브리어는?"

"모릅니다."

"그럼 〈토라〉를 공부해본 적은 있나?"

"아니요, 선생님. 하지만 걱정하지 마세요. 저는 버클리대학 철학과를 수석으로 졸업했고, 얼마 전에는 하버드대학에서 소크라테스 논법을 다룬 박사 논문을 발표했습니다. 그래서 이제는 〈탈무드〉를 공부하며 모자란 부분을 채우고 싶습니다."

랍비는 하나의 제안을 했다.

"나는 자네가 〈탈무드〉를 공부할 준비가 되어 있는지 심히 걱정스럽네. 〈탈무드〉는 우리에게 가장 중요한 책이거든. 그래서 자네의 이성을 시험해봐야겠네. 그 시험을 통과한다면 〈탈무드〉를 가르쳐줌세."

젊은이는 동의했다.

랍비는 두 손가락을 들어 올렸다.

"두 남자가 굴뚝을 내려갔다네. 한 명은 깨끗한 얼굴로 나왔고, 다른 사람은 더러운 얼굴로 나왔지. 그럼 그 둘 중에 누가 얼굴을 씻었겠나?"

젊은이는 의아한 표정으로 랍비를 쳐다보았다.

"이게 시험인가요?"

랍비는 끄덕였다.

그는 당연하다는 듯이 대답했다.

"더러운 얼굴로 나온 사람이지요."

"틀렸네. 깨끗한 얼굴로 나온 사람이 정답이야. 간단한 논리라네. 더러운 얼굴을 한 사람은 깨끗한 얼굴을 한 사람을 보고 자신도 깨끗하다고 생각했지. 하지만 깨끗한 얼굴을 한 사람은 더러운 얼굴을 한 사람을 보고 자신도 그처럼 더러울 것으로 생각했다네. 그러니 얼굴을 씻은 사람은 깨끗한 사람이 아니겠나."

"그럴듯하군요."

젊은이는 말을 이었다.

"다른 문제를 주세요."

랍비는 다시 두 손가락을 들어 올렸다.

"두 남자가 굴뚝을 내려갔다네. 한 명은 깨끗한 얼굴로 나왔고, 다른 사람은 더러운 얼굴로 나왔지. 그럼 그 둘 중에 누가 얼굴을 씻었겠나?"

"그 문제는 이미 풀었어요. 깨끗한 사람이 그 정답이고요."

"틀렸네. 두 사람 모두 얼굴을 씻었지. 간단한 논리라네. 더러운 얼굴을 한 사람은 깨끗한 얼굴을 한 사람을 보고 자신도 깨끗하다고 생각했지. 하지만 깨끗한 얼굴을 한 사람은 더러운 얼굴을 한 사람을 보고 자신도 그처럼 더러울 것으로 생각했다네. 그래서 깨끗한 사람이 얼굴을 씻었지. 그러자 더러운 얼굴을 한 사람도 덩달아 자기 얼굴을 씻었지. 그러니 결국 둘 다 얼굴을 씻게 된 거지."

"그런 생각은 미처 못했네요. 제가 이처럼 생각이 짧았다니 부끄럽네요. 다른 문제를 주세요."

랍비는 다시 두 손가락을 들어 올렸다.

"두 남자가 굴뚝을 내려갔다네. 한 명은 깨끗한 얼굴로 나왔고, 다른 사람은 더러운 얼굴로 나왔지. 그럼 그 둘 중에 누가 얼굴을 씻었겠나?"

"두 사람 모두 얼굴을 씻었죠."

"틀렸다네. 누구도 얼굴을 씻지 않았지. 간단한 논리라네. 더러운 얼굴을 한 사람은 깨끗한 얼굴을 한 사람을 보고 자신도 깨끗하다고 생각했지. 깨끗한 얼굴을 한 사람은 더러운 얼굴을 한 사람을 보고 자신도 그처럼 더러울 거라 생각했고. 하지만 깨끗한 사람은 더러운 사람이 얼굴을 씻지 않는 걸 보고 자신도 씻지 않았다네. 그러니 둘 다 얼굴을 씻지 않은 거지."

젊은이는 거의 자포자기의 상태가 됐다.

"저는 〈탈무드〉를 공부할 자격이 있어요. 한 번만 기회를 더 주세요."

랍비가 또다시 두 손가락을 올려 들자 젊은이는 한숨을 쉬었다.

"두 남자가 굴뚝을 내려갔다네. 한 명은 깨끗한 얼굴로 나왔고, 다른 사람은 더러운 얼굴로 나왔지. 그럼 그 둘 중에 누가 얼굴을 씻었겠나?"

"둘 다 씻지 않았어요."

"틀렸네. 자네가 공부한 소크라테스 논법이 왜 〈탈무드〉를 공부하는 기초로 적합하지 않은 줄 이제 알겠나? 어떻게 굴뚝을 내려간 두 남자 중에서 한 사람의 얼굴만 더러워지고 다른 사람의 얼굴은 깨끗할 수가 있겠나? 아직도 모르겠나? 이건 애초에 말이 안 되는 문제였다네. 바보 같은 문제를 푸느라 인생을 낭비하는 동안에는, 찾아지는 대답도 모두 바보 같을 뿐이라네."*

"더러운 얼굴을 한 사람이 얼굴을 씻는다"는 대답은 제1영역을 나타낸다. 서로의 얼굴을 보고는 오히려 깨끗한 얼굴을 한 사람이 씻는다는 해석은 제2영역을 나타낸다. 이처럼 제2영역에서는 다른 사람에 비추어 자신의 상태를 판단하는 인간의 본성을 알게 된다. "둘 다 씻는다"와 "둘 다 씻지 않는다"는 대답은 제3영역의 두 가지 가능성을 나타낸다. 여기서는 다른 사람에 비추어 자신을 살펴보는 것에 덧붙여, 다른 사람의 행동이 이치에 맞지 않더라도 그 행동을 따라 하는 모습이 발견된다. 이

---

* Rabbi Joseph Telushkin, 《Jewish Humor: What the Best Jewish Jokes Say about the Jews》 47~48쪽.

런 직관의 차원에서 문제를 이해하는 것은 인간의 본성에 대해 이성과 논리보다 훨씬 깊은 지식을 제공한다. 마지막으로, 제4영역은 애초의 질문 자체로 돌아가 다른 각도에서 내린 새로운 해석 ―"터무니없는 질문이다"― 에 해당한다. 이때는 '얼굴을 더럽히지 않고 굴뚝을 내려가는 방법은 없다'라는 경험적인 지식을 근거로 삼게 된다.

'참여'는 현실과 삶에 뿌리를 두며, 판단보다 앞선다. 자신이 개념적인 측면에 치우쳐 있지 않은지, 또는 분별력이라는 체로 산 경험을 걸러내는 건 아닌지 되돌아보는 노력이 필요하다. 그런 고민 자체가 무의미하다는 사실을 인식하는 것만으로 많은 문제가 절로 해결된다. 그때 우리는 좀더 중요한 문제에 집중하는 법을 배운다.

우리는 이 세계가 자명한 곳이 아니라는 사실을 알아야 한다. 보이는 부분은 보이지 않는 곳으로 향하는 길에 지나지 않으며, 하나의 빛은 그 빛 안에 잠재된 새로운 빛을 이끌어내는 도구일 뿐이다.